MARCO ✸ POLO

SAN FRANC ISCO

MARCO POLO KOAUTOR
Roland Austinat
Roland Austinat mag die Mischung aus verrückten Typen und entspannter Atmosphäre seiner Wahlheimat, aus der er seit 2004 als freier Journalist über die neuesten touristischen Attraktionen, aber auch über Fahrradkuriere, Gehirnforscher und Videospieleerfinder berichtet. Mit Reporterspürsinn entdeckt er immer wieder neuer Winkel von San Francisco und überrascht damit Leser und Besucher.

REIN INS ERLEBEN

Mit dem digitalen Service von MARCO POLO sind Sie noch unbeschwerter unterwegs: Auf den Erlebnistouren zielsicher von A nach B navigieren oder aktuelle Infos abrufen – das und mehr ist nur noch einen Fingertipp entfernt.

Hier geht's lang zu den digitalen Extras:

http://go.marcopolo.de/sfc

 ## Touren-App

Ganz einfach orientieren und jederzeit wissen, wo genau Sie gerade sind: Die praktische App zu den Erlebnistouren sorgt dank Offline-Karte und Navigation dafür, dass Sie immer auf dem richtigen Weg sind. Außerdem zeigen Nummern alle empfohlenen Aktivitäten, Genuss-, Kultur- und Shoppingtipps entlang der Tour an.

 ## Update-Service

Immer auf dem neuesten Stand in Ihrer Destination sein: Der Online-Update-Service bietet Ihnen nicht nur aktuelle Tipps und Termine, sondern auch Änderungen von Öffnungszeiten, Preisen oder anderen Angaben zu den Reiseführerinhalten. Einfach als PDF ausdrucken oder für Smartphone, Tablet oder E-Reader herunterladen.

HTTP://GO.MARCOPOLO.DE/SFC

6 INSIDER-TIPPS
Von allen Insider-Tipps finden Sie hier die 15 besten

8 BEST OF …
- 🟢 Tolle Orte zum Nulltarif
- 🔵 Typisch San Francisco
- 🟠 Schön, auch wenn es regnet
- 🟣 Entspannt zurücklehnen

12 AUFTAKT
Entdecken Sie San Francisco!

18 IM TREND
In San Francisco gibt es viel Neues zu entdecken

20 FAKTEN, MENSCHEN & NEWS
Hintergrundinformationen zu San Francisco

26 SEHENSWERTES
27 Golden Gate Bridge/Presidio 33 Marina & Pacific Heights 36 Haight-Ashbury/Golden Gate Park 43 Hafen/North Beach/Chinatown 50 Downtown/South of Market

60 ESSEN & TRINKEN
Die besten Adressen

72 EINKAUFEN
Shoppingspaß und Bummelfreuden

SYMBOLE

- INSIDER TIPP Insider-Tipp
- ★ Highlight
- 🟢🔵🟠🟣 Best of …
- ☆ Schöne Aussicht
- 🌱 Grün & fair: für ökologische oder faire Aspekte
- (*) Kostenpflichtige Telefonnummer

PREISKATEGORIEN HOTELS

€€€ über 250 Euro
€€ 150–250 Euro
€ bis 150 Euro

Die Preise gelten für ein Doppelzimmer pro Nacht mit Frühstück

PREISKATEGORIEN RESTAURANTS

€€€ über 30 Euro
€€ 16–30 Euro
€ bis 16 Euro

Die Preise gelten für ein mehrgängiges Essen ohne Getränke

Titelthemen: Per Fahrrad über die Golden Gate S. 111 | Hipster und High-Tech S. 20

INHALT

80 AM ABEND
Wohin ausgehen?

88 ÜBERNACHTEN
Adressen von günstig bis luxuriös

98 ERLEBNISTOUREN
98 San Francisco perfekt im Überblick 102 Die Bucht ent-

lang – schöne Aussichten garantiert 105 49 Meilen – mit dem Auto durch San Francisco 109 Der Nordwesten – Pazifik, Reichtum & Strand 111 Per Fahrrad über die Golden Gate Bridge nach Sausalito und Tiburon

114 MIT KINDERN UNTERWEGS
Die besten Ideen für Kinder

116 EVENTS, FESTE & MEHR
Alle Termine auf einen Blick

118 LINKS, BLOGS, APPS & CO.
Zur Vorbereitung und vor Ort

120 PRAKTISCHE HINWEISE
Von A bis Z

130 CITYATLAS & STRASSENREGISTER

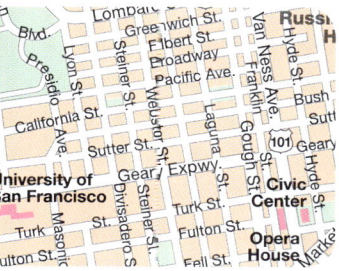

150 REGISTER & IMPRESSUM

152 BLOSS NICHT!

GUT ZU WISSEN
Bücher & Filme → S. 23
Base- und Football → S. 24
Multimedial → S. 36
Two bells! → S. 40
Richtig fit → S. 56
Gourmettempel → S. 64
Spezialitäten → S. 68
Street-Food → S. 70
Entspannen & Genießen → S. 84
Luxushotels → S. 92
Wohnen → S. 96
Was kostet wie viel? → S. 121

KARTEN IM BAND
(132 A1) Seitenzahlen und Koordinaten verweisen auf den Cityatlas und die Umgebungskarte San Francisco mit Umland auf S. 136/137
(0) Ort bzw. Adresse liegt außerhalb des Kartenausschnitts Es sind auch die Objekte mit Koordinaten versehen, die nicht im Cityatlas stehen

(*A–B 2–3*) verweist auf die herausnehmbare Faltkarte

UMSCHLAG VORN:
Die wichtigsten Highlights

UMSCHLAG HINTEN:
San Francisco Verkehrsnetzkarte

Die besten MARCO POLO Insider-Tipps

Von allen Insider-Tipps finden Sie hier die 15 besten

INSIDER TIPP Spaziergang mit Blick
Auf der *Golden Gate Promenade* tolle Ausblicke und Historie genießen, Drachen steigen lassen, den Kiteboardern bei spektakulärer Akrobatik zuschauen oder spontan in eine Fußballpartie auf der grünen Wiese einsteigen → S. 30

INSIDER TIPP Geschichte(n) der Gegenwart
Das *Contemporary Jewish Museum* (Foto o.) begeistert mit Wechselausstellungen und Mitmachaktionen wie einem Kühlschrankmagnet-Poetry-Slam-Workshop → S. 55

INSIDER TIPP Fangfrisch auf den Tisch
Das *Swan Oyster Depot* serviert Fischdelikatessen in familiärer Atmosphäre → S. 67

INSIDER TIPP Kleiner Laden ganz groß
Hinter dem Tresen von *Saigon Sandwich* bereiten vergnügte Damen köstlich scharfe und sensationell günstige vietnamesische Sandwiches zu → S. 71

INSIDER TIPP Tschechisch speisen
Versteckt in den Häuserschluchten der Innenstadt lädt das *Cafe Prague* mit europäischem Flair zum Verweilen ein → S. 62

INSIDER TIPP Essen im historischen Eisenbahnwaggon
Im *Grubstake*, einem Restaurant in einem Zugwaggon, gibt es von 17 bis 4 Uhr früh (!) Frühstück, Hamburger und dank des Heimatlands des Eigentümers sogar portugiesische Küche → S. 70

INSIDER TIPP Alles in der Tasche!
Nicht nur Fahrradkuriere hängen sich die hippen Taschen von *Timbuk2* um, um danach mit dem eigenen oder geliehenen Fahrrad die Hügel der Stadt hinaufzukeuchen und wieder hinunterzubrettern → S. 79

INSIDER TIPP Die vier Elemente
Im *Hotel Metropolis* regieren Erde, Luft, Feuer und Wasser. Eine Bibliothek lädt zum Verweilen ein → S. 97

INSIDER TIPP Berühren erlaubt!
Fühlen, hören, sehen und dabei die Wissenschaften verstehen: Im interaktiven Wissenschaftsmuseum *Exploratorium* (Foto u.) ist's möglich → S. 114

INSIDER TIPP Pisco Sour am Pier
Nach langer Renovierung strahlen die Piers am Ferry Building in neuem Glanz. Hier residiert nun auch *La Mar,* ein peruanisches Restaurant mit toller Aussicht und famosen Drinks → S. 65

INSIDER TIPP Shirts, die lange halten
Drei Shirts für $ 10? Vergessen Sie solche Lockangebote aus Chinatown und kaufen Sie qualitativ hochwertige Mitbringsel bei *Crazy Shirts* → S. 75

INSIDER TIPP Achtung, Aufnahme!
Sie wollten schon immer eine eigene CD einspielen? Buchen Sie im *Mosser Hotel* zum Zimmer einfach das hoteleigene Musikstudio samt Toningenieur dazu → S. 94

INSIDER TIPP Nicht nur Bluegrass
Geben ist seliger denn Nehmen – Investor Warren Hellman schenkte seiner Stadt zehn Jahre lang jeden Oktober ein kostenloses Musikfest im Golden Gate Park. Auch nach seinem Tod im Jahr 2011 ist die Finanzierung bis mindestens 2026 gesichert → S. 117

INSIDER TIPP Sayonara, San Francisco
Traditionsteestunde in Japantown? Wie öde. Heute hängen nicht nur *otaku* (Nerds) im neuen Einkaufszentrum namens *New People* ab, Kino und Café inklusive. Wer in sein will, kleidet sich im Obergeschoss mit der aktuellen Street-Fashion aus Tokio ein → S. 77

INSIDER TIPP Schönen Urlaub er Ihnen wünscht
Auf zur *Yoda Fountain*: Vor dem Eingang von LucasArts und ILM – zwei Säulen von George Lucas' Medienimperium – wacht Meister Yoda. In die Lobby haben es Darth Vader und Boba Fett geschafft → S. 115

BEST OF ...

TOLLE ORTE ZUM NULLTARIF
Neues entdecken und den Geldbeutel schonen

SPAREN

● *Konzerte kostenlos*
Trotz aller Modernität schätzen die San Franciscans kulturelle Attraktionen. Die Gratiskonzerte, klassischen Opern und Theaterstücke in vielen Parkanlagen, etwa *Shakespeare in the Park*, werden von allen gern besucht → S. 87

● *Strandausflug mit Lagerfeuer*
Ein kostenloses Vergnügen, auch wenn das Wasser nicht das wärmste ist: Am *Baker Beach* rennen Kinder und Hunde um die Wette, am wilden *Ocean Beach* treffen sich Jung und Alt zu Picknicks und meterhohen Lagerfeuern → S. 28, 43

● *Chinatown unplugged*
Authentischer als die von Touristen viel besuchte Grant Avenue sind Chinatowns kleine Gassen. Besuchen Sie eine winzige Glückskeksfabrik, die *Golden Gate Fortune Cookie Company*, und hören Sie dem geigenden Friseur nebenan zu (Foto) → S. 114

● *Im Golden Gate Park*
Der *Golden Gate Park* ist zwar wilder als sein New Yorker Pendant, dafür gibt es hier viel zu tun und zu entdecken – alles gratis! Zeigen Sie den Amis, wie man in Europa Fußball spielt, oder beteiligen Sie sich an einer Partie Frisbee-Golf → S. 56

● *Blick ins Maschinenhaus der Kabelbahn*
Wissen Sie, wie Cable Cars ohne Motor steile Berge erklimmen? Die Antwort darauf finden Sie bei einem Besuch des kostenlosen *Cable Car Museum*, wo Sie u. a. sehen können, wie die sonst unterirdisch verlegten Kabel um riesige Drehscheiben herumsausen → S. 46

● *San-Francisco-Tour für Insider*
Was tun, wenn man schon alles gesehen hat? Sich für eine der rund 30 monatlichen Touren der *San Francisco City Guides* anmelden und sich von Ortsansässigen umsonst unbekannte Winkel der Stadt zeigen lassen → S. 124

●●●● Diese Punkte zeichnen in den folgenden Kapiteln die Best-of-Hinweise aus

TYPISCH SAN FRANCISCO
Das erleben Sie nur hier

● *Die Brücke übers Golden Gate*
Das wohl bekannteste Wahrzeichen San Franciscos ist die *Golden Gate Bridge*. Sicher, Sie können mit dem Auto hinüberfahren, doch der oft windige Fußmarsch wird mit den schönsten Aussichten belohnt (Foto) → S. 29

● *Viktorianische Häuserzeile*
Die *Painted Ladies* am Alamo Square Park sind ein Muss für jeden Fotofan. Laufen Sie ein paar Meter den Park hinauf – und als Hintergrundmotiv schwingen sich die Hochhäuser der Downtown empor → S. 37

● *Trittbrettfahren auf dem Cable Car*
Die *Cable Cars* sind wohl in dieser Form einmalig auf der Welt. Springen Sie auf ein Trittbrett, halten Sie sich gut fest, und genießen Sie die ratternde Fahrt durch die unterschiedlichsten Stadtviertel → S. 44

● *Seelöwen am Pier 39*
Seit Jahren beanspruchen Heerscharen von Seelöwen einen Bootsanlegesteg westlich des *Pier 39* für sich. Die laute Truppe ist heute für viele Besucher eine größere Attraktion als der Pier mit all seinen Geschäften → S. 49

● *Eis- und Autospektakel an der Lombard Street*
Was ist noch besser als ein Eis von *Swensen's*, der seit 1948 existierenden Eisdiele? Mit dem Eis in der Hand den Autos zuzusehen, wie sie sich die kurvige *Lombard Street* hinuntermanövrieren → S. 48, 63

● *Gebratene Hühnerfüße gefällig?*
In mühsamer Handarbeit bereiten chinesische Köche diese und andere Spezialitäten zu, die dann von Kellnern im Rahmen eines Dim-Sum-Brunch auf Servierwagen zum Auswählen an den Tisch gefahren werden. Ein Muss, z. B. im *New Asia* → S. 66

● *Alles frisch auf dem Farmer's Market*
Am *Ferry Plaza Farmer's Market* trifft sich die ganze Stadt. Küchenchefs kaufen hier für ihre Restaurants biologisch angebaute Zutaten aus der Umgebung ein, alle anderen locken der tolle Ausblick auf die Bucht und Stände mit frisch zubereiteten Speisen. Besonders samstags ein Muss → S. 78

BEST OF ...

SCHÖN, AUCH WENN ES REGNET
Aktivitäten, die Laune machen

REGEN

🟠 *Konsum pur im Westfield Centre*
Zücken Sie die Kreditkarte, und machen Sie sich auf zum Shopping-Trip ins *Westfield Centre*. Zur Mittagspause locken Restaurants, während ein Kinobesuch am Abend schmerzende Füße und ein leeres Konto vergessen lässt → S. 78

🟠 *Auf die Eislaufbahn*
Sportliche Aktivitäten? Auch bei Regen kein Problem, denn direkt neben dem Creativity Museum warten im Herzen der Stadt das *Yerba Buena Ice Skating & Bowling Center* auf Schlittschuhläufer sowie Kegelschwestern und -brüder → S. 56

🟠 *Crêpes essen und Leute beobachten*
Sie schlafen gerne aus und gehen dann zum Brunch? Bei köstlichen Crêpes und mit Blick auf die geschäftige Polk Street merken Sie im *Crêpe House* kaum, dass es regnet → S. 62

🟠 *Museumsschiffe am Fisherman's Wharf*
Schon zu Zeiten des Goldrauschs ging es am Fisherman's Wharf wild zu. Noch heute erzählen die hier vor Anker liegenden Museumsschiffe und ein U-Boot, die *USS Pampanito*, von ihren Abenteuern → S. 49

🟠 *Gefangeneninsel mit Stadtblick*
Wer *Alcatraz* an einem Sonnentag besucht, kann sich die menschenunwürdigen Zustände in diesem Gefängnis kaum vorstellen. Ein Besuch an einem Regentag oder im Rahmen einer Abendtour (reservieren!) vermittelt dessen Trostlosigkeit deutlich besser (Foto) → S. 44

🟠 *Wenn's regnet, ab in den Regenwald*
Draußen regnet es, drinnen auch: Der vierstöckige Regenwald ist nur eine der Attraktionen der *California Academy of Sciences*, die auch mit einem Aquarium, einem Planetarium, einem naturgeschichtlichen Museum sowie Wanderausstellungen lockt. Weltklasse! → S. 38

ENTSPANNT ZURÜCKLEHNEN
Durchatmen, genießen und verwöhnen lassen

● *Wohlige Windstille im Beach Chalet*
Wem der Ocean Beach zu windig ist, der flüchtet ins nahe gelegene *Beach Chalet*. Hinter dem Restaurant stehen windgeschützt einige Liegestühle, in denen man bei einem Cocktail herrlich abschalten kann → S. 81

● *Massagen mit Wirkung*
Für eine traditionelle Thaimassage müssen Sie nicht nach Asien reisen – das übernehmen die dort aus- und weitergebildeten Mitarbeiter des Familienunternehmens *La Biang Thai*, die Sie mit Macht und obendrein günstig durchkneten → S. 84

● *Entspannen am Wasserfall*
Tauchen Sie ab aus der geschäftigen Innenstadt. Nur zwei Häuserblöcke von der Market Street entfernt liegen die *Yerba Buena Gardens* – eine wahre Oase der Ruhe. Wiesen und Wasserfall inklusive (Foto) → S. 59

● *Akustische Erholung*
Augen schließen und die Klänge genießen – bei einem Besuch des Symphonieorchesters. Teilweise gibt es kostenlose Proben bzw. stark verbilligte Aufführungen am frühen Nachmittag → S. 87

● *Schönheitsoase am Union Square*
Earthbody ist ein Day-Spa: ein Erholungstempel, in dem Sie gleich mehrere Stunden verbringen und die Zeit vergessen können. Akupunktur, Massagen oder Gesichtsbehandlung – hier bleibt kein Schönheitswunsch offen → S. 84

● *Ab auf den See!*
Eine Bootsfahrt mitten in San Francisco? Na klar, mit dem Ruder- oder Tretboot auf dem *Stow Lake* im Golden Gate Park, den sie mit zahlreichen Enten teilen müssen. Der See ist überschaubar – lassen Sie sich also ganz relaxt treiben, und gönnen Sie sich danach ein schönes Picknick im Grünen → S. 41

ENTDECKEN SIE SAN FRANCISCO!

So tolerant, innovativ, künstlerisch, geschäftstüchtig und technisch versiert die Bewohner San Franciscos auch sein mögen – wer ihre Heimatstadt flapsig-cool „Frisco" nennt, darf sich nicht wundern, finstere Blicke zu ernten. Denn eins haben die Bewohner trotz allen Fortschritts noch nicht über Bord geworfen: den Stolz auf ihre Stadt, die seit ihrer kommunalen Unabhängigkeit im Jahr 1850 dramatischen Ereignissen wie Kriegen, Erdbeben und im Rathaus erschossenen Lokalpolitikern trotzig die Stirn bietet. Obendrein ist San Francisco – na gut, sagen Sie eben „San Fran" oder „The City" – kein kleines Kaff, sondern die viertgrößte Stadt Kaliforniens und nach New York die amerikanische Großstadt mit der zweithöchsten Bevölkerungsdichte. Und wunderschön ist sie obendrein: mit ihren Steilstraßen, viktorianischen Holzhäusern und den Cable Cars, die über ihre modernen Kollegen, hybridbetriebene Busse, nur milde lächeln können.

Die Stadt dehnt sich *über 122 km² und rund 50 Hügel*, die oft so steil sind, dass Autos hier nur noch quer zum Abhang parken dürfen. Doch jeder Aufstieg wird fast immer mit einer freien Aussicht auf die im weichen kalifornischen Licht dunkelblau schimmernde Bucht belohnt – wenn nicht gerade im Sommer der Nebel in die Stadt

Bild: Aussicht von den Twin Peaks

kriecht. Einen guten Überblick über die Stadt haben Sie auch vom Coit Tower: Im Süden sehen Sie die sich zusammendrängenden Hochhäuser des Zentrums, im Westen strahlt die rostrote Golden Gate Bridge im Sonnenlicht und östlich die aus glänzendem Stahl gebaute Bay Bridge, die über die Bucht in die East Bay, nach Berkeley und Oakland führt.

San Franciscos größte Konstante heißt Veränderung. Auch wenn vor Ort bereits der Indianerstamm der Ohlonen wohnte, gründeten spanische Siedler 1776 hier ein Fort: das Presidio. 1821 ging das Land dann von Spanien an Mexiko und lockte im Laufe der Jahre etliche Siedler an. 1846 eroberten die USA im Zuge des Mexikanisch-Amerikanischen Kriegs Kalifornien und damit auch San Francisco. 1849 wuchs durch den damals einsetzenden *Goldrausch* die Einwohnerzahl rasant von 1000 auf 25 000 – und wächst seitdem immer weiter, ungeachtet der *Erdbeben*, die die Stadt immer wieder heimsuchen. In den Jahren 1906 und 1989 rumpelte es besonders stark: Ganze Stadtviertel wurden dem Erdboden gleich gemacht. Derzeit gehen Wissenschaftler davon aus, dass bis zum Jahr 2038 mit einer rund 63-prozentigen Wahrscheinlichkeit wieder ein *big one* in die Bay Area kommen wird.

> **Veränderung ist die größte Konstante**

Noch immer zehrt die Stadt vom Image der kreativ-politischen Beat-Generation um Jack Kerouac und Allen Ginsberg der 1950er-Jahre und vom legendären *„Sommer der Liebe"*. 1967 zelebrierten in der Geburtsstunde der Hippiebewegung Zehntausende von Blumenkindern, Aussteigern und Musikern Liebe, Freiheit und Einigkeit – Drogen- und Sex-Exzesse inklusive. Noch heute wohnen in San Francisco viele Freidenker und pflegen alternative Lebensstile. Das Hippieviertel kennen viele Auswärtige als Haight-Ashbury, doch hier sagt man noch immer *The Haight* – auch wenn die Straßenkreuzung Haight und Ashbury Street die Magie der früheren Jahrzehnte verloren hat. Denn längst hocken keine Blumenkinder mehr auf den Bürgersteigen.

Apropos *Bürgersteige*: Selbst im toleranten San Francisco platzt Einwohnern und Geschäftsleuten mal der Kragen. So sehr sorgten beispielsweise jugendliche „Lebenskünstler" mit scharfen Hunden auf

AUFTAKT

der Haight Street für Unruhe bei Ladenbesitzern und Anwohnern, dass diese beschlossen, etwas dagegen zu unternehmen. Das Ergebnis: Die Mehrzahl der San Franciscans sprach sich trotz des erbitterten Widerstands der meisten Stadträte für ein Gesetz aus, das das Herumlungern auf Bürgersteigen zwischen 7 und 23 Uhr verbietet. Viel geändert hat sich dadurch allerdings nicht.

Erkunden Sie San Francisco zu Fuß, merken Sie rasch: Jeder Ortsteil besitzt nicht nur oft spektakuläre Ausblicke auf Stadt, Bucht und Leute, sondern seine ganz besonderen Eigenheiten – die manchmal selbst den Einheimischen zu bunt werden. Im hypertoleranten Castro-Viertel sorgten beispielsweise vor einigen Jahren Nudisten in Parks und Straßen für Aufsehen. Nach den für San Francisco typischen Endlosdiskussionen beschloss daraufhin der Stadtrat mit knapper Mehrheit ein Verbot des öffentlichen Adamskostüms.

Trotz allen Fortschritts konnte San Francisco ein Stück *Lebensstil der Hippiegeneration* herüberretten: das Gefühl, dass man in San Francisco immer tolerant und progressiv ist. Geschätzt sind rund 15 Prozent aller Einwohner homo- bzw. bisexuell. Bürgermeister Gavin Newsom erlaubte 2004 gesetzeswidrig mehr als 4000 schwulen und lesbischen Paaren die Heirat –

> **San Francisco ist tolerant und progressiv**

Epizentrum des Tourismus: Irgendwann führt es jeden mal zu Fisherman's Warf

und seitdem stritten Stadt, Staat und deren Einwohner verbissen um eine Legalisierung der Homo-Ehe. Einer Klage der Befürworter der Homo-Ehe gab das Bezirksgericht von Nordkalifornien statt, allerdings blieb das Urteil aufgrund des Einspruchs eines Berufungsgerichts unvollstreckt. Der Oberste Gerichtshof der Vereinigten Staaten erklärte schließlich den Einspruch für unzulässig: Seit 2013 sind gleichgeschlechtliche Ehen in Kalifornien legal – und damit auch in San Francisco.

In San Francisco versammeln sich etwa ***1000 verschiedene Volksgruppen***, die alle authentisch essen und leben wollen. Jeder Stadtteil steht oft für eine bestimmte Nationalität: In Chinatown, das sich in Teilen über die drei Hügel Telegraph Hill, Russian Hill und Nob Hill erstreckt, ist alles komplett in Chinesisch ausgeschildert; nur einen Block weiter nördlich, im italienischen North-Beach-Viertel, finden Sie die köstlichste Pizza der Stadt; der Mission District im Nordwesten wird noch von den Latinos dominiert, während im Castro-Bezirk stolz die Regenbogenfahnen der Schwulen wehen. Von Ausnahmen wie Chinatown und North Beach abgesehen ist die Zusammensetzung der Stadtviertel jedoch ständig im Fluss. Oft reicht es schon, wenn Bars und lokale Geschäfte in einer eher zwielichtigen und daher günstigen Gegend eröffnen und beliebt werden: Schon will jeder dort wohnen, die Preise schnellen empor und die ursprünglichen Bewohner können sich ihr Viertel bald nicht mehr leisten. Vielen Stadtbewohnern ist das herzlich egal: Sie sind nur auf der Durchreise und geben das im Silicon Valley verdiente Geld mit vollen Händen aus, bevor sie sich anderswo niederlassen. Davon zeugt auch die geringe Zahl von Kindern: Nur 13,5 Prozent der rund 840 000 Einwohner sind unter 18 Jahren alt, Minusrekord aller Großstädte der USA.

Der ***Geist der ständigen Veränderung*** zeigt sich auch im Stadtbild: Noch 1960 war San Francisco hauptsächlich eine Hafenstadt, bewohnt zu rund 70 Prozent von weißen Mittelklassearbeitern. 20 Jahre später waren die Hafenanlagen halb verfallen, in der Innenstadt schossen Wolkenkratzer von Banken und Dienstleistungsunternehmen empor. Günstige Arbeiterhotels im Zentrum wurden dem Erdboden gleichgemacht und an deren Stelle die Messe- und Kulturtempel Moscone und Yerba Buena Center

> **Einheimische wie Touristen joggen und flanieren entlang der Bucht**

errichtet. Auch die nach dem Erdbeben von 1989 stark lädierten Stadtautobahnen wurden nach heftigen Debatten größtenteils abgerissen. Kein Verlust: Einheimische wie Touristen joggen und flanieren jetzt von Fisherman's Wharf zum Ferry Building und genießen die spektakuläre Aussicht auf Stadt und Bucht.

Der Wandel geht weiter: Die Börse von San Francisco beherbergt heute ein Fitnessstudio, in einem Art-déco-Gebäude von 1937 hat das Social-Media-Unternehmen Twitter seine Zelte aufgeschlagen. Mitte der 1990er-Jahre entwickelte sich South of Market (SoMa) zum Epizentrum der ***Dotcom-Revolution***. Die Folge: Die Wohnungspreise nicht nur der typischen, viktorianischen Häuser explodierten. Wo früher Althippies und Rentner wohnten, zogen vom Lockruf des schnellen Geldes angetriebene Jungunternehmer, Grafikdesigner und Programmierer ein.

AUFTAKT

Lombard Street – die verrückteste Serpentinenstraße von San Francisco

Heute scheint diese 2001 geplatzte Internetblase längst vergessen: Im SoMa siedeln sich oft steuervergünstigte Internetfirmen wie Square, Yelp, Zynga, Airbnb und Dropbox an, während Heerscharen von Baukränen darum wetteifern, so schnell wie möglich neue Apartment- und Bürokomplexe zu errichten. Nach den zunächst starken Einbrüchen im Tourismussektor aufgrund der Anschläge vom September 2001 strömen auch die Besucher längst wieder kräftig in die Stadt, in der beinahe wöchentlich TV-Serien und Kinofilme gedreht werden.

Fast könnte man bei all dem die jüngste Finanz- und Wirtschaftskrise vergessen. Doch nicht alles ist eitel Sonnenschein. Da müssen Familienunternehmen schließen, weil sie die explodierenden Mieten nicht mehr zahlen können. Da werden Buslinien ausgedünnt, Sozialausgaben gekürzt und Schulen geschlossen. Da wandern Familien aus der extrem teuer gewordenen Stadt in die South beziehungsweise die East Bay ab. Wohin sich die Stadt entwickeln wird, bleibt abzuwarten. Für ihre Besucher überwiegen noch die positiven Effekte des ständigen Umbruchs: Dank hoher Bevölkerungsdichte ist der etwas eigenwillige öffentliche Personennahverkehr gut ausgebaut; es gibt mehr Parks, Museen, Cafés und Restaurants, als man während des Urlaubs besuchen kann; immer neue Boutiquen und Geschäfte lauern mit ausgefallenen Waren auf ausgabefreudige Kundschaft. Und in einem sind sich alte und neue Bewohner einig: San Francisco ist und bleibt *eine der schönsten Städte der Welt*.

IM TREND

1 Augenblick-Accessoires

Hauptsache auffallen Wer diese Stücke trägt, sorgt für Gesprächsstoff. San Franciscos Designer setzen auf Hingucker. So wie Stephanie Kim von *Dekkori (www.dekkori.com)*, die Pumps mit Bändern, Ledergamaschen oder Metall zu sexy Fußkunstwerken pimpt. Für das Kind im Erwachsenen ist der Schmuck von *Emiko Oye (www.rewarestyle.com) (Foto)*, denn er ist komplett aus Legosteinen gemacht. Mit den Ketten von *Litter (www.littersf.com)* schmückt man nicht das Dekolleté, sondern den Schenkel.

2 Fixed-Gear-Bikes

Minimalismus auf zwei Rädern Ohne schicke Extras geht es durch die Straßen von San Francisco. Die Fixed-Gear-Bikes verzichten auf Gangschaltung und Co. Wie man so ein Fixie selbst zusammenbaut, verrät *The Bike Kitchen (650 H Florida Street)*. Bei *Mission Bicycle (766 Valencia Street) (Foto)* wird das Rad nach den eigenen Wünschen zusammengestellt. Eine weitere gute Anlaufstelle ist *Huckleberry Bicycles (1073 Market Street)*.

3 Pop-up-Eateries

Heute hier, morgen da Die besten Köche geben Gastspiele in fremden Restaurants oder eröffnen ihre eigenen Pop-up-Restaurants. Evan Blooms und Leo Beckermans jüdische Delikatessen sind in den Locations von *Wise Sons (www.wisesonsdeli.com)* der Hit. Richard Park und Pam Schafer servieren im *Cat Head's BBQ (www.catheadsbbq.com)* Gegrilltes. Im *Pop Up Cafe (www.popupcafesf.com)* weiß man nie, was einen erwartet. Sind es BBQ-Spezialitäten: zugreifen! Außerdem im Angebot: Biere aus aller Welt, die eine Limousine an den Ort des Geschehens bringt.

In San Francisco gibt es viel Neues zu entdecken. Das Spannendste auf diesen Seiten

Künstlermeile

Mission District Lateinamerika im Kleinen, so wurde „The Mission" früher genannt. An einigen Stellen blitzt diese Vergangenheit noch auf. Auf dem Markt, der Yuccawurzeln anbietet, oder an den gefüllten Empanadas in den Bäckereiauslagen. Heute erobern die „Hipster" die Heimat vieler süd- und mittelamerikanischer Zuwanderer: In den Coffee-Shops wie dem *Ritual Coffee Roaster (1026 Valencia Street | www.ritualroasters.com)* sitzt die Avantgarde bei Cappuccino und Latte zusammen, an den Wänden hängen wechselnde Kunstwerke. Die in Paris beheimatete *Kadist Art Foundation (3259 20th Street | www.kadist.org)* hat gleich um die Ecke eine Zweigstelle eröffnet und gibt jungen Künstlern Raum zur Entfaltung. Auch ein Kunstmagazin wird hier produziert. An die Latino-Historie erinnern die zahlreichen Graffiti *(Foto)* rund um die 24th Street. Was aktuell im Viertel los ist, erfahren Sie unter *www.missionlocal.org*.

Green City

Elektrisierend Hybridautos sind in San Francisco längst ein alter Hut. Wer heute zeigen will, dass er ein Herz für die Umwelt und eine dicke Brieftasche hat, fährt ein Elektroauto. Etwa den $ 70 000 teuren Tesla Model S, der auf der anderen Seite der Bay Bridge in Fremont gebaut wird. Auch immer mehr Hotels, Läden und Lokale springen auf den Trend auf. Sie stellen Ladestationen für E-Bikes und -Autos auf, beispielsweise am Rathaus *(1 Dr. Carlton B. Goodlett Place)*. Die nächste Station finden Sie mithilfe der Google-Umkreissuche unter dem Begriff „Electric Vehicle Charging Station".

FAKTEN, MENSCHEN & NEWS

CARE, NOT CASH
In keiner US-Stadt gibt es so viele Obdachlose wie in San Francisco. Egal, ob diese selbst- oder fremdverschuldet auf die Straße gekommen sind – die Stadt will dabei helfen, sie zu resozialisieren. Zahlreiche Organisationen springen mit Nahrung, Kleidung und medizinischer Versorgung ein. Zu raten ist: Geben Sie kein Geld. Lassen Sie sich lieber die Reste eines üppigen Essens einpacken und spenden Sie dieses.

GENTRIFIZIERUNG
Neue Restaurants, schicke Boutiquen, aufgemöbelte Stadtviertel: In ganz San Francisco ziehen durch den zweiten Dotcom-Boom Lebenshaltungskosten und Mietpreise extrem an. Da schläft ein junger Firmengründer schon mal für $500 im Monat in einer knapp 3,5 m² großen Waschküche, während ein anderer für $400 monatlich im Wohnzimmerschrank einer siebenköpfigen Familie aus Ecuador übernachtet. 2014 betrug die Durchschnittsmiete $3413. Dass sich alteingesessene Stadtbewohner und Familien das nicht mehr leisten können und dadurch die legendäre Vielfalt der Stadt bedroht ist, scheint im Heimatland des Kapitalismus noch niemanden so recht zu stören.

GOOGLE-BUSSE
Dutzende von Privatbussen stoppen morgens und abends minutenlang an Muni-Haltestellen und zwingen städtische Vehikel und deren Passagiere zu oft

Bild: Baseballspiel

Kulturpartys, Sport, Originale: San Francisco ist keine typisch amerikanische Stadt, das zeigt sich auch an ihren Bewohnern

wilden Halte- und Aussteigmanövern. Hinter diesen Transportaktionen stecken Firmen wie Google, Apple, Facebook und Electronic Arts, die ihre Mitarbeiter von der Stadt hinaus ins Silicon Valley kutschieren – Internet an Bord inklusive. Alteingesessene San Franciscans beobachten das Spektakel mit äußerst gemischten Gefühlen, denn die so hofierten Hard- und Software-Entwickler, die lediglich zum Schlafen und Feiern in die Stadt zurückkehren, wissen oft nicht, was außerhalb ihrer Welt vorgeht. Und da sie nach ein paar Jahren wieder fortziehen, müssen sie das auch nicht.

GRÜNE WELLE

San Francisco ist ein Vorreiter in Umweltschutz und Nachhaltigkeit, Mülltrennung und Recycling. Plastiktüten, die in Bäumen und Sträuchern herumwehen oder über die Kanalisation in den Pazifik gespült werden? Per Gesetz verboten – viele Supermärkte belohnen das Mitbringen eigener Taschen sogar mit einer Gutschrift auf der Rechnung.

Und der öffentliche Nahverkehr setzt verstärkt auf Elektrobusse und Straßenbahnen, deren Energie in einem Wasserkraftwerk im Yosemite National Park gewonnen wird. Die restlichen Busse bekommen nur noch Biodiesel in den Tank. Den können auch Privatleute über die *People's Fuel Cooperative* beziehen, die diesen aus Pflanzenöl herstellen, das sie von ortsansässigen Restaurants bekommen. Wem selbst das noch zu umweltschädlich ist, geht in San Francisco zu Fuß oder nutzt das Fahrrad. Nach städtischen Verkehrszählungen stieg die Zahl der Fahrradfahrer in den letzten zehn Jahren an repräsentativ ausgewählten Kreuzungen um rund 70 Prozent.

zu schlürfen und eine Musik-, Gedicht- oder Tanzperformance zu erleben. Bis zu 3000 Gäste finden sich etwa freitags im De Young Museum ein; ähnlich geht es donnerstags in der California Academy of Sciences zu. Auch im Asian Art Museum, im San Francisco MoMa, im Exploratorium und im Fort Mason Center finden abendliche Events statt.

Wabernder Nebel lässt die Golden Gate Bridge aus dem Nichts wachsen

KULTURPARTY

Social Networking einmal anders: Coole San Franciscans gehen jetzt auch abends ins Museum – um einen Cocktail

NEBEL

„Der kälteste Winter, den ich jemals erlebt habe, war der Sommer in San Francisco", soll einst Mark Twain gesagt haben – doch das stimmt nicht. Ausgerechnet in den Sommermonaten überzieht die Stadt oft eine dicke Nebelschicht. Das liegt an der warmen Luft aus dem Inland, die auf die kalte Meeresluft trifft und so den Nebel über der San Francisco Bay erzeugt. Morgens ist es oft kühl und bewölkt. Wenn die Sonne stark genug ist, gibt sie sich ein kur-

FAKTEN, MENSCHEN & NEWS

zes Stelldichein. In der Regel hat sie sich dann bis 12 Uhr durch den Nebel gefressen. Doch bereits am Nachmittag ab 16, 17 Uhr wird es meist schon erheblich kühler, weil dann der Nebel wieder die Oberhand gewinnt. Der Anblick ist faszinierend: Innerhalb kürzester Zeit bewegen sich Nebelschwaden wie flüchtende Schafherden über die Stadt.

PARKPLATZ GESUCHT

Anfang 2014 gab es in San Francisco rund 485 000 Autos – aber nur 275 000 Straßenparkplätze. Kein Wunder, dass die städtische Polizei nicht mit Strafzetteln spart: Täglich verteilt sie Knöllchen im Wert von $ 250 000. Obendrein bewegte sich hier der Straßenverkehr nach einer jüngeren Verkehrsstudie so langsam wie im ungeliebten Los Angeles – nur in Washington, D. C. kommt man noch langsamer vom Fleck. Sparen Sie sich das Geld für einen Leihwagen!

SAN-FRANCISCO-ORIGINALE

Eine verrückte Stadt wie San Francisco zieht natürlich auch verrückte Typen an. Schon 1854 ernannte sich beispielsweise Joshua A. Norton hier zum Kaiser der USA. Einer von Nortons Erben ist Frank Chu, der seit einigen Jahren mit bizar-

BÜCHER & FILME

Why Is That Bridge Orange? – Diese und 85 weitere Fragen zu San Franciscos Sehenswürdigkeiten beantwortet Art Peterson in seinem gleichnamigen Buch (2013)

Unterwegs – Jack Kerouac zog es in seinem autobiografischen Roman (1957) immer wieder nach SF, dessen Beatszene er lebhaft beschreibt

Herb Caen – Der Kolumnist des San Francisco Chronicle schrieb bis zu seinem Tod 1997 über The City und erfand die Begriffe *Beatnik* und *Hippie.* Auf www.sfgate.com/herbcaen sind seine Werke archiviert

Stadtgeschichten – In einer siebenteiligen Buchreihe beschreibt der bekennende Schwule Armistead Maupin das schillernde Leben einer Freundesgruppe in den 1970er-, 80er- und 2000er-Jahren

Die Straßen von San Francisco – Die Krimiklassikerserie (1972–77) schlechthin, eine herrliche Einstimmung

The Rock – Wenn Sie ein explodierendes (!) Cable Car sehen wollen, sind Sie hier richtig: Michael Bay lässt es auch auf Alcatraz krachen (1996)

Vertigo – Alfred Hitchcocks Thriller von 1958 zeigt unter anderem Fort Point, Mission Dolores, den Palace of Fine Arts und den Pacific Union Club

Dirty Harry (1971), Flucht von Alcatraz (1979) – Wer ist der größere Star: Clint Eastwood oder San Francisco?

Milk – Prämiert: Kinodrama über den schwulen Stadtrat Harvey Milk (2008)

Mrs. Doubtfire – Steiner Street/Ecke Broadway steht das Haus, in dem Robin Williams' Filmfamilie lebte (1993)

ren Protestplakaten durch die Innenstadt zieht. Darauf stehen täglich neu sinnlose Wortkombinationen wie „YETROJRENIUL" oder „KITROGRUNIOL PODCASTS". Chu protestiert nach eigenen Angaben damit gegen US-Präsidenten, die ihn „mit den 12 Galaxien um 20 Milliarden Dollar gebracht haben". Ist Chu ein von allen geliebter Performancekünstler oder hat er einfach nur eine Schraube locker? Die San Franciscans lieben ihn in jedem Fall und versorgen ihn mit Nahrung und Schuhwerk für seine Protestarbeit.

SOMMERFLAIR WIE IM SÜDEN

Wenig Sonnenschein in San Francisco? Kein Problem, alles eine Sache der Einstellung. In die kleinen Innenstadtgassen wie Claude Lane, Maiden Lane und Belden Place passen trotzdem ein paar Tische und Stühle – schon freuen sich die Besucher von Cafés und Restaurants über südländisches Flair. Auch in der Nähe vom Westfield Centre am Mint Plaza neben der ehemaligen Münzprägeanstalt blüht das Straßenleben – es gibt neben Restaurants, Cafés und einem Nachtclub sogar einen wöchentlichen *farmer's market*.

SPORT-STORYS

AT&T Park, das Baseballstadion der *San Francisco Giants,* liegt so dicht am Wasser, dass sich während eines Spiels Fans in Booten tummeln, um einen weit aus dem Stadion geschlagenen *home run ball* zu fangen. Wer im Stadion einen Baseball der Besucher schnappt, wird oft von missmutigen *Giants*-Anhängern mit einem lauten *Throw it back!* bedacht.

Unglaublich, aber wahr: Nach einem lausigen Saisonstart gewannen die ewig glücklosen *Giants* die World Series 2010 – 56 Jahre nach dem letzten Titelgewinn. An der „Welt"-Meisterschaft sind zwar nur 29 amerikanische Teams und eine kanadische Mannschaft beteiligt, der Freude der San Franciscans tat das jedoch keinen Abbruch. Tagelang herrschte Ausnahmezustand in der Stadt, der in einer Konfettiparade entlang der Market Street und einem mehrstündigen Empfang des Teams vor dem Rathaus gipfelte, zu dem Zehntausende von Fans strömten. Nur zwei Jahre später wiederholte sich das Spektakel: Die Giants gewannen auch die World Series 2012 – einmal mehr folgte eine riesige Parade.

An beiden Umzügen nahm auch Baseball-Legende Willie Mays teil. Er hatte

MITFIEBERN: BASE- UND FOOTBALL

So aktiv die San Franciscans in ihrer Freizeit auch sind – manchmal ist es für sie einfach das Beste, sich anzuschauen, wie andere Menschen ins Schwitzen geraten.

Im *Levi's Stadium* in Santa Clara kämpfen seit 2014 die Footballstars der *San Francisco 49ers (Karten ab $ 55 | www. sf49ers.com | www.ticketmaster.com)* in einer rundenbasierten Mischung aus Strategie und Action um den Football. Die Baseballer der *San Francisco Giants (Preis variabel | www.sfgiants.com)* sind Titelgewinner der *World Series* 2010, 2012 und 2014. Genauso wichtig wie ein dreistündiges Spiel sind gutes Essen, Bier und Gespräche mit den Freunden. Kostenlos sehen Sie an stürmischen Tagen den tollkühnen Kitesurfern an der *Golden Gate Promenade* zu.

FAKTEN, MENSCHEN & NEWS

Auch in San Francisco liegen kleine, inhabergeführte Bistros und Restaurants voll im Trend

im Spiel der *Giants* gegen die *Cleveland Indians* 1954 Geschichte geschrieben – mit einer *The Catch* genannten Aktion: Aus schier unglaublichem Winkel fischte Mays den Ball aus der Luft, wurde dabei fest an die Außenwand des Stadions gedrückt und schaffte es dann noch, den Ball aus der Fangbewegung heraus flüssig wie ein griechischer Speerwerfer zurückzuwerfen. Verdächtig abwesend war hingegen Giants-Pitcher Barry Bonds. Der ehemalige Schlagmann hält zwar den Ligarekord von 762 *home runs,* allerdings wurde das Ende seiner Karriere von der Verstrickung in einen Dopingskandal überschattet.

Nach zwölf glücklosen Jahren hatten 2012 auch die *49ers* Grund zur Freude: Mit seinem neuen Trainer Jim Harbaugh erreichte San Franciscos Footballteam das NFL-Finale, das *Super Bowl*. Dort musste es sich jedoch den *Baltimore Ravens* geschlagen geben. So bleibt es bei fünf Pokalen, die die Mannschaft in den 1980ern und 1990ern mit Stars wie Joe Montana und O. J. Simpson gewann. Nach den Bauarbeiten am *Levi's Stadium* in Santa Clara spielen die 49ers seit 2014 im Silicon Valley 70 km südlich von San Francisco. Der ehemalige Spielort, der Candlestick Park, in dem die Beatles 1966 ihr letztes Konzert gaben, wich 2015 Wohnungen und Geschäften.

SUPPORT THE LOCALS

Ketten wie McDonald's, Wal-Mart oder Starbucks werden von den San Franciscans nicht unbedingt gern gesehen. Sie gehen lieber in Geschäfte und Restaurants in der Nachbarschaft, die oft als Familienunternehmen geführt werden – auch wenn das ein paar Cents mehr kosten sollte. Hier vertreibt der Inhaber einen nicht nach einer Viertelstunde, um Platz für neue Kundschaft zu schaffen. Und obendrein tummelt sich in einem *locally owned place* das interessantere Publikum.

SEHENSWERTES

Nach New York City ist San Francisco die dicht besiedeltste Stadt der USA. Auf einer Fläche von rund 125 km² wohnen rund 840 000 Menschen – doch die Mehrheit ist zugereist, rund ein Drittel sogar von außerhalb der USA.

Nicht ohne Grund nannte Herb Caen, langjähriger Kolumnist der Tageszeitung *San Francisco Chronicle,* seine Stadt *Baghdad by the Bay*: Die Stadt mit ihren über 50 Hügeln bietet Bewohnern wie Besuchern unendliche Erkundungsmöglichkeiten. Neben den vielen Stadtvierteln mit ihrem ganz eigenen Charme warten auch jede Menge Museen und Parks von Weltklasse auf Ihren Besuch. Und dann wären da noch Hunderte von Restaurants: Praktisch jede Nation der Erde ist in der Stadt vertreten. Da Konkurrenz nicht schläft, können Sie davon ausgehen, dass Sie in der überwiegenden Mehrheit der Lokale hervorragende Kost serviert bekommen.

> **CITY WOHIN ZUERST?**
>
> Mit vielen Cafés, Restaurants und Läden in der Umgebung ist der **Union Square (136 C4)** *(P5)* ein idealer Startpunkt. Mit der Cable Car sind Sie schnell in Fisherman's Wharf, die historische F-Line bringt Sie zum Ferry Building und zu Pier 39. Am Union Square halten auch die Muni-Linien 2, 3, 30, 38, 45, Ihr Auto parken Sie in der Tiefgarage unter dem Platz.

Bild: *Painted Ladies* am Alamo Square

Golden Gate, Alcatraz und das Heulen der Robben – Attraktionen aus verschiedenen Kulturen und Lebensstilen

GOLDEN GATE BRIDGE/ PRESIDIO

Presidio und Lincoln Park – die beiden Stadtviertel sind Teil der Golden Gate National Recreation Area, eines Nationalparks in San Francisco. Zu diesem Gebiet gehören neben dem Golden Gate Park und der Golden Gate Bridge auch die Marin Headands sowie die Muir Woods im Norden.

Die hier und in den angrenzenden Wohngebieten residierenden San Franciscans bezahlen den sagenhaften Blick auf das Wasser der Bucht in den Sommermonaten oft mit dem Nebel, der sich an so manchem Nachmittag wie eine Daunendecke über die Stadt legt und sogar die höchsten Wolkenkratzer umhüllt. Bei klarer Sicht entschädigen dafür umso mehr spektakuläre Blicke auf San Francisco und die Bucht.

GOLDEN GATE BRIDGE/PRESIDIO

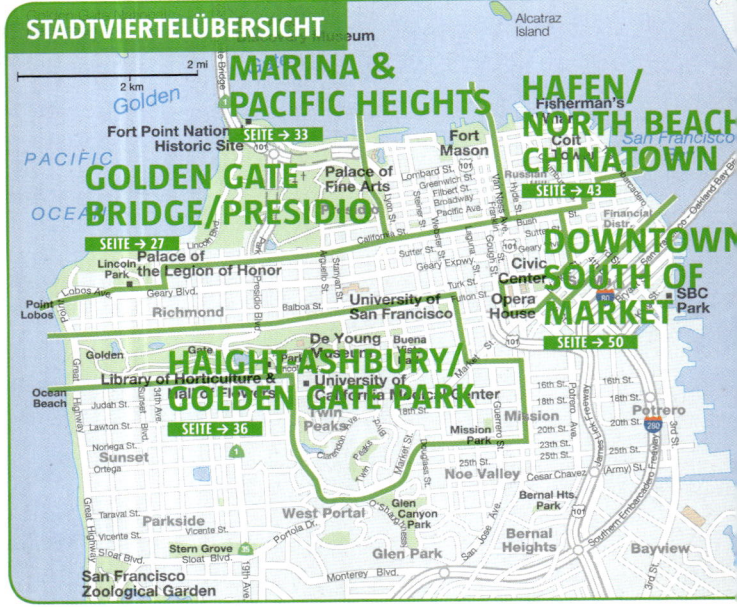

Die Karte zeigt die Einteilung der interessantesten Stadtviertel. Bei jedem Viertel finden Sie eine Detailkarte, in der alle beschriebenen Sehenswürdigkeiten mit einer Nummer verzeichnet sind

1 BAKER BEACH ●
(133 D–E 2–3) (*m* E3–4)

Zwischen Golden Gate Bridge und dem Villenviertel Seacliff, in dem u. a. Metallica-Gitarrist Kirk Hammet wohnt, befindet sich der Baker Beach. Schwimmen ist hier aufgrund tückischer Strömungen weniger angesagt, doch Sandburgenbauen oder eine Verschnaufpause mit herrlicher Aussicht auf die Golden Gate Bridge und die Marin Headlands lässt einen den Trubel der Stadt vergessen. *Muni 29 Sunset*

2 CLIFF HOUSE ★
(132 A5) (*m* A7)

Bevor das 1863 erbaute Cliff House zu einem Ausflugsziel für die ganze Stadt wurde, residierten hier US-Präsidenten und einflussreiche Wirtschaftsvertreter. Zweimal brannte das Cliff House am westlichsten Punkt der Stadt allerdings ab, bevor es nach zahlreichen Umbauten seine heutige Form erhielt. Das hauseigene Restaurant *Sutro's (tgl. 11.30–21.30 Uhr | €€€)* bietet hervorragende kalifornische Küche und einen der romantischsten Sonnenuntergänge der Stadt. Bei Tag erspähen Sie regelmäßig vorbeiziehende Pelikane, Seelöwen, Delphine und Wale. Freitagabends Livejazz, sonntags Champagnerbuffet *(10, 12 und 14 Uhr)*.
American Breakfast und Burger gibt's ein paar Meter weiter im heimelig-günstigen *Louis' Restaurant (tgl. 6.30–18 Uhr | 902 Point Lobos Av. | Tel. 1415*

SEHENSWERTES

3 87 63 30 | €) mit ebenfalls bester Aussicht. *1090 Point Lobos Av. | Tel. 1415 3 86 33 30 | www.cliffhouse.com | Muni 38 Geary*

3 FORT POINT (133 E1) (*m F1*)

Der 1853–61 gebaute Armeestützpunkt mit seiner einzigartigen Ostküstenbauweise beherbergt ein interessantes Museum *(Fr–Mo 10–17 Uhr | Eintritt frei | www.nps.gov/fopo)*, in dem Sie sich u. a. einen Film über den Bau der Golden Gate Bridge ansehen können. *Muni 28 19th Avenue*

4 GOLDEN GATE BRIDGE ★ ● ᴪ
(133 E1) (*m E–F1*)

Im Sonnenlicht strahlt sie wirklich golden, bei Nebel ragt sie über den Dunstbänken empor, die härteste Probe – das Erdbeben von 1989 – überstand sie ohne nennenswerten Schaden. Sie ist und bleibt das Wahrzeichen der Stadt.

Noch zu Beginn des 20. Jhs. hielten auch wagemutige Ingenieure es für unmöglich, an dieser Stelle eine Brücke zu bauen. Das *Golden Gate,* 1848 so genannt von Kapitän Fremont, weil es ihn an das Goldene Horn in Istanbul erinnerte, hat denn doch andere Dimensionen als der kleine Meeresarm des Bosporus. Die Stadtväter gaben schon 1918 Studien für eine Brücke in Auftrag. Am 5. Januar 1933 wurde unter den Augen von Chefingenieur Joseph B. Strauss der erste Spatenstich getan, gut vier Jahre später, am 27. Mai 1937, war der Bau vollendet. Der Preis: 35 Mio. Dollar und das Leben von elf Bauarbeitern – 19 andere überlebten dank eines Fangnetzes.

MARCO POLO HIGHLIGHTS

★ **Cliff House**
Ausflugsrestaurant über dem tosenden Pazifik mit toller Aussicht
→ S. 28

★ **Golden Gate Bridge**
Die vielleicht berühmteste Brücke der Welt → S. 29

★ **Presidio**
Bis 1995 Militärbasis, heute Park-, Museums- und Wohnanlage
→ S. 32

★ **Golden Gate Park/Buffalo Paddock**
Grüne Oase mit tollen Museen inklusive eines atemberaubenden Planetariums → S. 40

★ **Alcatraz Island**
Die berüchtigte Gefängnisinsel in der Bay → S. 44

★ **Mission Dolores**
Das älteste Gebäude: die Missionskirche der spanischen Padres
→ S. 41

★ **Fisherman's Wharf**
Beliebter Touristentreff: Pier mit vielen Attraktionen → S. 43

★ **Cable Cars & F-Line**
Eine Fahrt mit den rollenden Museen ist ein absolutes Muss → S. 44

★ **Lombard Street**
Serpentinenstraße, auf der die Verfolgungsszenen vieler Actionfilme gedreht werden → S. 48

★ **Asian Art Museum**
Die Sammlungen sind legendär: Kunstschätze aus Japan, China, Indien sowie Korea, und alle bestens präsentiert → S. 52

GOLDEN GATE BRIDGE/PRESIDIO

2,7 km ist sie lang, die Hängebrücke, wenn man die Autobahnauffahrten auf beiden Seiten mitrechnet. Der Hängeteil allein misst 1966 m. Er wird von dicken Stahlkabeln getragen, die aneinandergelegt rund 128 000 km lang wären, also dreimal den Erdball umspannen könnten. Die beiden Brückentürme ragen 227 m hoch, und zwischen dem Meer und der Fahrbahn liegen 67 m.

Zum 75. Geburtstag der Brücke entstand an der südlichen, stadtseitigen Auffahrt der Brücke ein neues Besucherzentrum *(tgl. 9–18 Uhr)*, von dem aus auch geführte Touren der Brücke starten. Sollten Sie die Brücke mit dem Leihwagen überqueren, fragen Sie unbedingt den Vermieter, wie der seit 2013 nur noch maschinell erhobene Brückenzoll gehandhabt wird, um Strafgebühren zu vermeiden. *Maut $ 7, Fußgänger und Fahrradfahrer kostenlos | Muni 28 19th Ave. bis Toll Plaza | Golden Gate Transit Busses von Market Street/Ecke 7th St. North | die Muni-Buslinie 76 fährt am Wochenende über die Brücke in die Marin Headlands, dreht dort und kehrt in die Stadt zurück;* **INSIDER TIPP** *aussteigen und die Sicht genießen*!

5 INSIDER TIPP GOLDEN GATE PROMENADE
(125 E1–127 F1) *(G–J2)*

Der Landstrich zwischen Aquatic Park und Golden Gate Bridge ist noch nicht so überlaufen wie etwa Pier 39. Hier joggen und spazieren die San Franciscans den ganzen Tag. Die gut 5 km von Fort Mason bis zur Golden Gate Bridge sind ein äußerst lohnenswerter Ausflug mit spektakulären Aussichten auf San Francisco und die Bucht. Über Aquatic Park, Fort Mason und den nördlichen Ausläufer des auf Schutt gebauten Marina-Bezirks erreichen Sie den ehemaligen Post- und Militärflughafen *Crissy Field (www.parksconservancy.org)*. Der sah vor einigen Jahren alles andere als schön aus, doch Anwohner, Schulen und Unternehmen setzten über 100 000 Pflanzen, um das ursprüngliche Erscheinungsbild des Areals wiederherzustellen.

Hier starten auch zahlreiche Wind- und Kitesurfer, weniger Mutige lassen in der oft recht windigen Gegend einen Drachen steigen. Ein Fußweg an der Westseite (s. S. 103) führt zur Golden Gate Bridge. *Muni 28 ab Fort Mason | Golden Gate Transit 10, 70 und 80*

Golden Gate Bridge: wagemutige Konstruktion und Wahrzeichen San Franciscos

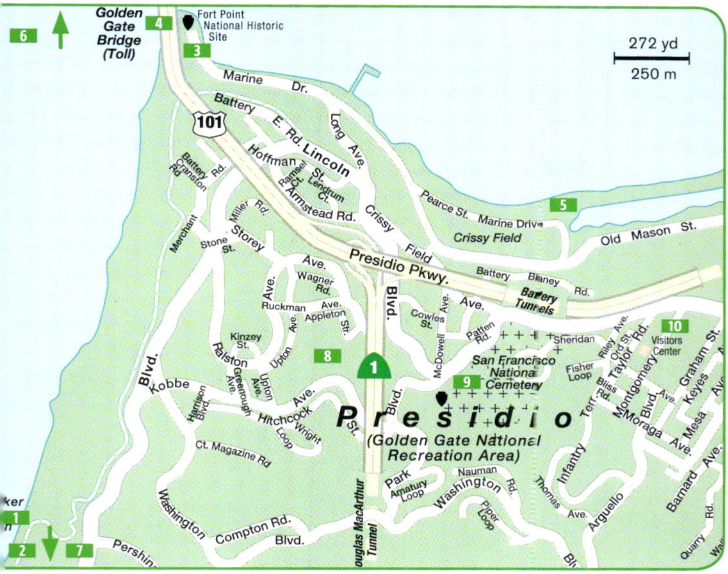

SEHENSWERTES

SEHENSWERTES UM DIE GOLDEN GATE BRIDGE / IN PRESIDIO

1. Baker Beach
2. Cliff House
3. Fort Point
4. Golden Gate Bridge
5. Golden Gate Promenade
6. Marin Headlands
7. Palace of the Legion of Honor
8. Presidio
9. San Francisco National Cemetery
10. Walt Disney Family Museum

6 MARIN HEADLANDS
(144 A–B 1–2) (*O*)

Bei gutem Wetter unbedingt einen Ausflug wert – auch wenn Sie nur den Südzipfel der gewaltigen Parkanlage besuchen, der Ihnen einen tollen Blick auf San Francisco und die Golden Gate Bridge bietet. Haben Sie mehr Zeit, erkunden Sie das historische Fort, einen Leuchtturm, eine ehemalige Raketenabschussbasis und das Besucherzentrum. Oder Sie machen eine Wanderung auf einem der zahlreichen Wanderwege. *Tgl. Sonnenauf- bis Sonnenuntergang | www.nps.gov/goga/marin-headlands.htm | Muni 76 Marin Headlands*

31

GOLDEN GATE BRIDGE/PRESIDIO

7 PALACE OF THE LEGION OF HONOR (132 B4–5) (*m* B6)

Der Palast der Ehrenlegion kommt Ihnen bekannt vor? Gut möglich, denn er ist ein um 25 Prozent verkleinerter Nachbau des Pariser Originals. Das sehr empfehlenswerte Museum beherbergt eine große Sammlung europäischer Kunst der letzten 4000 Jahre: Gemälde, Töpferkunst, Skulpturen und über 90 000 Drucke, Zeichnungen und Bücher der Achenbach Foundation for Graphic Arts – Werke von Dürer, Gauguin und Kandinsky inklusive. Dazu kommen wechselnde Ausstellungen. *Di–So 9.30–17.15 Uhr | Eintritt $ 10, gültig auch für das De-Young-Museum, erster Di im Monat frei | www.legionofhonor.org | Muni 38 Geary*

8 PRESIDIO ★ ☼ (133 E–F 1–4, 134 A–C 1–4) (*m* E–J 3–5)

Das einst von den Ohlonen-Indianern bewohnte Gebiet mit einer atemberaubenden Aussicht im Nordwesten der Stadt wurde seit 1776 von Spanien, Mexiko und den USA als Militärbasis genutzt. 1994 verließ die Army das Areal, drei Jahre später wurde es der Verwaltung des *National Park Service* und des *Presidio Trust* unterstellt.

Alte Militärgebäude werden nun für Büros, Schulen und Wohnungen genutzt. Regisseur George Lucas zog 2005 mit sei-

Der National Cemetery erinnert an die frühere militärische Nutzung des Presidio

nen Film-, Spezialeffekt- und Videospielfirmen ins *Letterman Digital Arts Center* – errichtet an der Stelle des ehemaligen *Letterman Army Hospitals*. Festivals, Konzerte und Freilichttheater sorgen für kulturelle Höhepunkte. Der *Officers' Club (50 Moraga Av.)*, das mutmaßlich älteste Gebäude der Westküste der USA, wurde restauriert und beherbergt seit 2014 wieder Ausstellungen. *Muni 41 Union | kostenloser PresidiGo-Shuttleservice*

SEHENSWERTES

9 SAN FRANCISCO NATIONAL CEMETERY (134 B2–3) (*M G3*)

Auf dem Soldatenfriedhof liegen die seit 1854 Gefallenen ordentlich in Reih und Glied: 100 000 m² an gleichförmigen Grabsteinen auf dem Gelände des Presidio. Es ist indes eine große Ehre, hier begraben zu werden, denn der Militärfriedhof ist der einzige in der Stadt, auf dem noch beerdigt wird. Normalerweise werden die Toten außerhalb der Stadt begraben. Der Grund und Boden San Franciscos ist den Stadtvätern schon seit Langem zu teuer, um als letzte Ruhestätte genutzt zu werden. Bereits 1901 verordneten sie, die Begrabenen vom damaligen Friedhof im Lincoln Park zu entfernen. Die Grabsteine wurden als Baumaterial verwendet. *Eingang: McDowell Av./Ecke Lincoln Blvd. | Muni 41 Union*

10 WALT DISNEY FAMILY MUSEUM (134 B2) (*M H3*)

In einem behutsam erweiterten Presidio-Gebäude, das früher Sporträumlichkeiten des Armeepostens beherbergte, führen zehn spektakuläre Galerien durch das Leben des Micky-Maus-Schöpfers Walt Disney. Dazu gibt es Lesungen, Vorführungen und seltene Filme aus den Disney-Archiven. Ein Muss! *Mi–Mo 10–18 Uhr | Eintritt $ 20 | 104 Montgomery Street | www.waltdisney.org | Muni 41 Union*

MARINA & PACIFIC HEIGHTS

Keine 100 Jahre alt ist das Marina-Viertel, dessen Untergrund sich größtenteils aus erdbebenanfälligem Schutt zusammensetzt. Die gelegentlich als Schickimicki-Typen belächelten Bewohner entschädigt die Nähe zum Wasser.

Wer in den millionenschweren Villen der etwas höher gelegenen *Pacific Heights* residiert, muss seinen Reichtum nicht mehr unter Beweis stellen. Hier wohnen u. a. Autorin Danielle Steele und Apples Designpapst Sir Jonathan „Jony" Ive. Werfen Sie INSIDER TIPP einen Blick in die Villen, die hier zum Verkauf stehen. Meist sonntags sind sie hier wie überall in San Francisco für Interessenten geöffnet. Informieren Sie sich einfach online und in der Zeitung darüber, wann und wo die Besichtigungen stattfinden.

LOW BUDG€T

An bestimmten Tagen verlangen die meisten Museen keinen Eintritt – achten Sie bei der Planung Ihres Besuchs darauf, dann sparen Sie. Mit dem *Citypass ($ 36 | www.citypass. com)* kommen Sie in alle Museen und Attraktionen der Stadt und fahren eine Woche lang Bus, Bahn und Cable Car.

Viele Besucher nutzen nur den Stadtplan der überall ausliegenden Touristenprospekte – dabei gibt's in den Heftchen oft Coupons, die Museumseintritte und das Essen in Restaurants verbilligen. Achten Sie darauf, es kann sich lohnen.

Steht Ihnen der Sinn nach einer Gospelmesse? Dann besuchen Sie die *Glide Church Celebration* **(128 C4)** (*M O6*) *(So 9 und 11 Uhr | 330 Ellis Street | Tel. 1 415 6 74 60 00 | Muni 27 Bryant)* – mitreißend und offen für alle.

MARINA & PACIFIC HEIGHTS

1 CHESTNUT STREET
(135 D–E2) (*ɱ K–L3*)

Auf der Chestnut Street zwischen Divisadero und Fillmore Street reihen sich im Herzen des Marina-Stadtteils schicke Bistros, Straßencafés und edle Boutiquen aneinander. Untypisch für eine US-Großstadt besitzt San Francisco zahlreiche solcher beinahe autarker Wohngebiete, in denen die Bewohner alles, was sie zum Leben brauchen, bequem zu Fuß erreichen können. *Muni 30 Stockton*

2 INSIDER TIPP FILLMORE STREET
(135 E1–6) (*ɱ L3–6*)

Auf der Fillmore Street zwischen Broadway und Geary Street geht es deutlich bodenständiger als etwa auf der Chestnut Street zu. Dabei bieten die Läden und Restaurants nicht weniger Auswahl, doch die Bewohner dieses Viertels sind wesentlich nahbarer – was die Wahrscheinlichkeit einer spontanen Unterhaltung deutlich erhöht. *Muni 1 California*

3 FORT MASON (136 A1–2) (*ɱ M2*)

Der ehemalige Militärstützpunkt Fort Mason ist heute ein vielfältiges Kulturzentrum, das zwei Dutzend gemeinnützige Organisationen, Theater, Museen, eine Radiostation, eine Bücherei und vieles mehr beherbergt. Jedes Jahr gibt es Tausende von Aktivitäten, die von 1,6 Mio. Menschen besucht werden. Hier eine kleine Auswahl: Im Improvisationstheater *BATS Improv (Bayfront Theater Gebäude B | 3. Stock | Tel. 1 415 4 74 67 76 | www.improv.org)* entwickeln die Schauspieler quasi auf Zuruf ihre urkomischen Geschichten. Die *SFMOMA Artists Gallery (Di–Sa 10–17 Uhr | Eintritt frei | Gebäude A North | Tel. 1 415 4 41 47 77)* vertritt über 1300 Künstler aus Nordkalifornien und zeigt deren Werke in elf Ausstellungen pro Jahr. Und das *Museo Italo-Americano (Di–So 12–16 Uhr | Eintritt frei | Gebäude C | Tel. 1 415 6 73 22 00 | www.museoitaloamericano.org)* ist das einzige Museum der USA, das sich der Pflege italo-amerikanischer Kunst und Kultur

Darf's ein wenig edler sein? In der Chestnut Street heißt es „sehen und gesehen werden"

SEHENSWERTES

SEHENSWERTES IN MARINA & PACIFIC HEIGHTS

- 1 Chestnut Street
- 2 Fillmore Street
- 3 Fort Mason
- 4 Haas-Lilienthal-Haus
- 5 Octagon House
- 6 Palace of Fine Arts
- 7 Spreckels Mansion
- 8 Union Street

verschrieben hat. Selbst ein nebelig-kalter Tag wird im Fort Mason Center zu einem spannenden Kulturabenteuer, für das Sie sich im hervorragenden vegetarischen Restaurant ⚘ *Greens* (s. S. 64) *(Gebäude A)* stärken können. *15 Marina Blvd. | www.fortmason.org | Muni 30 Stockton, 49 Van Ness*

4 HAAS-LILIENTHAL-HOUSE
(136 A3) (*N4*)

Ein besonders markantes und der Öffentlichkeit zugängliches viktorianisches Haus. Es wurde 1886 von William Haas, einem Lebensmittelhändler aus Bayern, errichtet und überstand das Erdbeben von 1906 unbeschadet. Heute Sitz der gemeinnützigen *Foundation for San Francisco's Architectural Heritage*. *Mi/Sa 12–15, So 11–16 Uhr | Eintritt $ 8 | 2007 Franklin Street | nahe Washington Street | Muni 12 Folsom/Pacific*

5 OCTAGON HOUSE
(136 A3) (*M3*)

Auch diese achteckige Perle von 1861 ist umfassend restauriert und mit antiken Möbeln ausgestattet. Mitte des

HAIGHT-ASHBURY/GOLDEN GATE PARK

19. Jhs. glaubte man, dass achteckige Häuser zu einem gesünderen, zufriedeneren Leben verhelfen würden. *2. und 4. Do und 2. So im Monat 12–15 Uhr, außer Jan. | Eintritt frei | 2645 Gough Street | nahe Union Street | Muni 41 Union*

6 PALACE OF FINE ARTS
(134 C2) (*J2–3*)

Dies ist das einzige Gebäude, das von der *Panama Pacific Exposition* zur Feier des vollendeten Panamakanals im Jahr 1915 übrig geblieben ist. Die komplett erneuerte Rotunde und der angrenzende Park samt See sind häufig Hintergrund für Hochzeiten und Filmdrehs. Das großartige *Exploratorium* (s. S. 114) zog 2013 von hier zum Pier 15 um. *Zwischen Bay und Jefferson Street | Muni 30 Stockton*

7 SPRECKELS MANSION
(135 F3) (*M4*)

Zuckerzar und Philanthrop Adolph Spreckels baute 1913 den weißen Beaux-Arts-Kalksteinpalast mit 55 Zimmern, darunter einem französischen Ballsaal, für sich und seine 22 Jahre jüngere, lebenslustige Gemahlin Alma. Heute wohnt dort Bestsellerautorin Danielle Steel. *2080 Washington Street | Muni 1 California*

8 UNION STREET
(135 E–F3) (*L–M 3–4*)

Die Einkaufsmeile der Union Street zwischen Steiner und Franklin Street liegt genau zwischen den Stadtteilen Pacific Heights und Marina – man merkt es daran, dass es hier besonders viele Antiquitätenhändler, Juweliere, Einrichtungshäuser, Kunstgalerien und Schönheitssalons gibt. Hier kaufen die Reichen und Schönen ein. *Muni 41 Union*

HAIGHT-ASHBURY/ GOLDEN GATE PARK

Golden Gate Park, Haight-Ashbury, Alamo Square und Mission District: Der

MULTIMEDIAL DURCH DIE STADT

Nicht nur Hollywood-Experten freuen sich über die *San Francisco Movie Tour ($ 47 | www.sanfranciscomovietours.com)*: In drei Stunden besuchen Sie Originalschauplätze aus Filmen wie Vertigo, Mrs. Doubtfire, Bullitt, The Rock, Star Trek 4, Der Malteserfalke und sehen im Bus während der Fahrt über 70 Ausschnitte aus diesen Streifen – einen besseren Vergleich zwischen San Francisco damals und heute gibt es kaum. Ein einzigartiges Erlebnis ist auch die *Magic Bus Tour ($ 50 | www.magicbussf.com)*, produziert von den Schöpfern der Alcatraz-Audiotour, Jens-Peter Jungclaussen und dem Antenna Theater. Die 90-minütige Reise in die 1960er-Jahre ist eine lebhafte Mischung aus Besichtigungstour, Dokumentarfilm und Mitmachschauspiel. An historischen Stellen fahren Leinwände herunter und geben einen Einblick in die 60er: Wettrennen zum Mond, Beatniks und Flower-Power inklusive. Ein charmantes Blumenmädchen teilt sogar LSD-Trips aus – wirkstofffrei, versteht sich.

SEHENSWERTES

Hipster-Hangout mit Aussicht: der Mission Dolores Park im Mission District

Westen der Stadt bestand vor weniger als 150 Jahren noch aus großen Sanddünen, die jedoch mit dem Zustrom neuer Einwohner relativ rasch in Wohngebiete und einen großen Park umgewandelt wurden.

Im Golden Gate Park erholen sich Einwohner wie Touristen von der Hetze des Alltags, Museen, Gartenanlagen, Liegewiesen und Sport bieten für jeden etwas. Am Ostrand des Parks beginnt der Stadtteil Haight-Ashbury. Hierhin zog es in den 1960er-Jahren Heerscharen von Hippies, die mit Gitarre und Drogen im Gepäck das Fundament für den *Summer of Love* im Jahr 1967 legten.

Noch heute bieten etwas verlotterte Gestalten auf der Straße ihre nicht immer ganz legalen Waren feil, während Neuankömmlinge aus der ganzen Welt in den ausgefallenen Geschäften nach nicht minder ausgefallenen Kleidungsstücken, Büchern und Musik stöbern. Nur unweit von der Haight Street entfernt liegt der Alamo Square mit seinen viktorianischen Prunkhäusern und der Mission District, Zentrum der mexikanischen und lateinamerikanischen Zuwanderer.

1 ALAMO SQUARE
(141 E1) (*L7*)

Wenn es nur ein einziger Blick sein soll, dann dieser, festgehalten auch auf Tausenden von Ansichtskarten: Von der Hayes Street aus schaut man nordöstlich zur Steiner Street, wo sich vor der Hochhauskulisse von Downtown jene bezaubernde Reihe viktorianischer Häuser präsentiert, die ● *Painted Ladies* genannt wird. Eigentlich ist die Bezeichnung „viktorianisch" falsch. Denn mit der Blüte des englischen Bürgertums, den strengen Moralprinzipien und der romantischen Verehrung der britischen Krone hat die Bauweise nur die Zeit gemein: die zweite Hälfte des 19. Jhs.

HAIGHT-ASHBURY/GOLDEN GATE PARK

Queen Victoria prägte den Stil der auch *gingerbread houses* genannten Wohnhäuser viel weniger als die Zimmerleute. Oft waren sie zur See gefahren, hatten hier eine Idee gehabt, dort ein Vorbild gesehen. Und eine strenge Moral vertraten sie auch nicht: Die spatenförmigen Aussägungen an einer Balustrade oder im Dachgiebel symbolisieren nichts anderes als das Pik-Ass-Zeichen. Und das war ein Hinweis darauf, dass in einem solchen Haus Glücksspiel betrieben wurde. Auch die ornamentalen Flaschen und Herzen hatten einen werbenden Sinn: für Spelunken und Bordelle.

1970 erlebten die Häuser ihre Renaissance, denn heute sind die *victorians* mit den steilen Treppen und den *bay windows* genannten Erkern die Wohnhäuser der Wohlhabenden. Wer eines von ihnen besitzt, hütet es wie seinen Augapfel.

Wenn Sie sich an den *Painted Ladies* nicht sattsehen können, finden Sie weitere viktorianische Häuser am Lafayette Square, an der California Street, an der Liberty Street sowie zwischen der Franklin Street und dem Presidio. *Muni 21 Hayes*

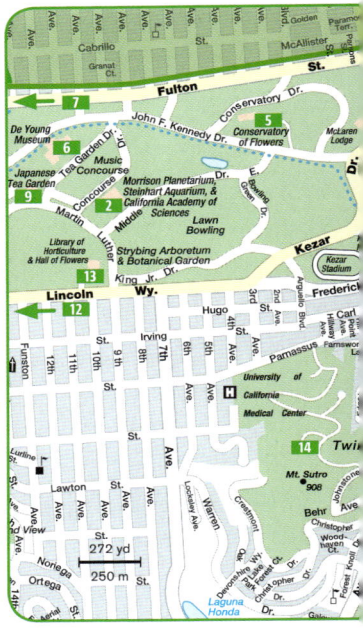

2 CALIFORNIA ACADEMY OF SCIENCES ● ✪ (140 A2) (*ω G8*)

Das vom Stararchitekten Renzo Piano entworfene Gebäude setzt als derzeit grünstes Museum der Welt stark auf erneuerbare Energien und ist San Franciscos neuer Stern am Museumshimmel. Unter dem elegant geschwungenen, begrasten Dach beherbergt es einen über vier Stockwerke angelegten künstlichen Regenwald, das *Steinhart Aquarium* mit 40 000 Meeresbewohnern, einem großen Korallenriff, Sumpfgebieten und Unterwassertunnel, das spektakuläre *Morrison Planetarium* sowie das *Kimball Natural History Museum* mit Blauwal- und Tyrannosaurus-Rex-Skeletten, einem Foucault'schen Pendel und interaktiven

SEHENSWERTES IN HAIGHT-ASHBURY/GOLDEN GATE PARK
1 Alamo Square
2 California Academy of Sciences
3 California Volunteers
4 Castro Street

Exponaten – etwa einem Zimmer, das von einem Erdbeben durchgeschüttelt wird. Großartig! *Mo–Sa 9.30–17, So 11–17 Uhr | Eintritt $ 34,95 | Golden Gate Park | www.calacademy.org | Muni 5 Fulton*

3 CALIFORNIA VOLUNTEERS (133 F2) (*ω M8*)

Der Freiwilligen aus Kalifornien, die am Spanisch-Amerikanischen Krieg von 1898 beteiligt waren, gedachte der Bildhauer Douglas Tilden mit einem geflügelten

SEHENSWERTES

- **5** Conservatory of Flowers
- **6** De Young Museum
- **7** Golden Gate Park/ Buffalo Paddock
- **8** Haight Street
- **9** Japanese Tea Garden
- **10** Mission Dolores/Mission Dolores Cemetery
- **11** Mission Street
- **12** Ocean Beach
- **13** Strybing Arboretum & Botanical Gardens
- **14** Twin Peaks

Pferd, einer Kriegsgöttin, einem gefallenen und einem unversehrten Soldaten – die Figurengruppe steht für die göttliche Kraft des Kriegs, an dessen Ende unter dem Vorzeichen des Antikolonialismus spanische Besitztümer in Übersee an die Vereinigten Staaten übergingen. *Dolores Street/Ecke Market Street | Muni F Market*

4 CASTRO STREET
(141 E2–5) (ω L8–11)
Etwas diskreter als früher, aber nicht völlig verschwunden – die Bars der Schwulen, das Sichzurschaustellen und das selbstverständliche Alltagsleben der Homosexuellen, mal bürgerlich gekleidet, mal in Leder und Ketten.
Für den einsichtsvolleren Blick in das Leben der schwulen Gemeinde, die außerordentlich viel sowohl zur Restaurierung von San Francisco wie auch zur Politik der Stadt beitrug, empfiehlt sich die informative *Cruisin' the Castro Walking Tour (Mo–Sa 10 Uhr | $ 30 | Tel. 1415 2551821 | www.cruisinthecastro.com | Muni F Market).*

39

HAIGHT-ASHBURY/GOLDEN GATE PARK

5 CONSERVATORY OF FLOWERS
(140 B1) (*H8*)

Über 1700 tropische Pflanzenarten aus aller Welt wetteifern im 1879 eröffneten Riesengewächshaus des Conservatory of Flowers am Ostrand des Golden Gate Park um Licht, Luft und Wasser: Orchideen, fleischfressende Pflanzen, Palmen und viele mehr. Der im viktorianischen Stil gehaltene Glaspalast ist das älteste öffentliche Gewächshaus Nordamerikas. *Di–So 10–16.30 Uhr | Eintritt $ 8 | www.conservatoryofflowers.org | Muni 21 Hayes*

6 DE YOUNG MUSEUM
(140 A1) (*G8*)

Der monolithisch-kupferne Gebäudeneubau im Golden Gate Park ist architektonisch nicht unumstritten – dafür versammeln sich in seinem Inneren große Schätze: über 1000 Gemälde und 800 Skulpturen von amerikanischen Künstlern wie Grand Wood, George Caleb Bingham und Richard Diebenkorn, aber auch von Europäern wie Claude Monet, Joan Miró und Andy Goldsworthy. Dazu kommen Sammlungen afrikanischer, südamerikanischer, ozeanischer und textiler Kunst. Genießen Sie die Aussicht vom ☀ Turm. *Di–So 9.30–17.15, Fr bis 20.45 Uhr | Eintritt $ 10, Karte gilt auch für den Palace of the Legion of Honor | 50 Hagiwara Tea Garden Drive | www.deyoung.famsf.org | Muni 5 Fulton*

7 GOLDEN GATE PARK/ BUFFALO PADDOCK ★
(138 A2–140 C2) (*A–H 8–9*)

Das knapp 1 km breite und 5 km lange Grün soll zur Erholung, zum Sport und zur Betrachtung genutzt werden. Zu den großen Attraktionen zählen u. a. die *California Academy of Sciences* (s. S. 38) und das *De Young Museum* (s. S. 40). Zudem ist der Park ein Meisterwerk der Gartenbaukunst. Eigentlich dürfte es an dieser Stelle nur „windgetriebene" Wanderdünen geben. Doch nach der Übernahme des Geländes durch die Stadt im Jahr 1868 pflanzte Parkchef John McLaren, der 56 Jahre im Amt blieb, Strauch

TWO BELLS!

So funktionieren die Cable Cars: Unter der Mittelschiene läuft das sich ständig bewegende Kabel. Seine Geschwindigkeit beträgt genau 9,5 Meilen, also knapp 15 km pro Stunde. Auf den beiden Außenschienen steht der 7 t schwere Wagen mit 34 Sitz- und 34 Stehplätzen auf der California-Linie und mit 29 Sitz- und 31 Stehplätzen auf den beiden Powell-Linien.

Läutet der *conductor* (Schaffner) zweimal die Glocke oder ruft er: „Two bells!", geht es los: Der *gripman* (Fahrer) zieht einen schweren Hebel zurück, dessen unteres Ende wie eine Pinzette nach dem Kabel greift (*to grip:* greifen). Bergab bremsen beide, was das Zeug hält. Im hochgradig unwahrscheinlichen Fall, dass alle Bremsen versagen, besitzt der *gripman* eine Notbremse: einen Keil, den er in die Mittelschiene rammt. Wollen Sie aussteigen, melden Sie beim *conductor* oder *gripman* an: „Next stop, please!" Wichtig: Bleiben Sie nicht in den gelb markierten Zonen stehen – den Platz brauchen *conductor* und *gripman* für ihre durchaus anstrengenden Manöver.

SEHENSWERTES

Japanese Tea Garden im Golden Gate Park: der älteste öffentliche japanische Garten der USA

für Strauch und Baum für Baum, bis der Sand besiegt war.
Heute weiden am Westende des John F. Kennedy Drive Büffel auf einem eigenen großen Gelände. Und auf dem kleinen 🔴 *Stow Lake* können Sie entspannt rudern, Tretboot fahren und um ihn herum in Gesellschaft von mehreren Entenfamilien picknicken. Überall finden Sie Tennisplätze, Bowlingbahnen, Schachfelder und auch Baseballanlagen, und der *Golfplatz* mit neun kurzen, aber schwierigen Grüns ist öffentlich. Die 40 km an Wegen lassen sich gut mit dem Fahrrad bewältigen. *Verleih: Golden Gate Tours & Bike Rentals (tgl. 9.30–18.30 Uhr | 1816 Haight Street | Tel. 1415 9 22 45 37 | Muni 6 Parnassus, 71 Haight/Noriega)*

8 HAIGHT STREET
(140 C2–141 F1) (*J–M8*)

Das Epizentrum der Flower-Power teilt sich in zwei Bereiche: Entlang der Lower Haight zwischen Divisadero und Webster Street finden Sie kleine Restaurants, Kneipen und Plattengeschäfte, die Upper Haight zwischen Stanyan Street und Masonic Avenue beherbergt flippige Boutiquen und abgefahrene Typen gleichermaßen. *Muni 6 Parnassus, 71 Haight/Noriega*

9 JAPANESE TEA GARDEN
(139 F2) (*F8*)

Der Japanische Teegarten ist seit 1894 fester Bestandteil des Golden Gate Park. Hier scheint die Großstadt weit entfernt: Stille Seen, steile Brücken, verwunschene Pagoden und geheimnisvolle Buddha-Statuen versetzen Sie ins historische Japan. Besonders schön: ein Besuch während der Kirschblüte Mitte März. *Tgl. 9–18 Uhr | Mo, Mi, Fr vor 10 Uhr Eintritt frei, sonst $ 8 | Muni 5 Fulton*

10 MISSION DOLORES/MISSION DOLORES CEMETERY ⭐
(141 F2–3) (*M9–10*)

Die weiße Kirche Mission Dolores ist eine von 21 Missionen in Kalifornien, die je-

HAIGHT-ASHBURY/GOLDEN GATE PARK

weils einen Tagesritt voneinander entfernt errichtet wurden. Sie ist zugleich das älteste Gebäude der Stadt und wurde 1791 fertiggestellt. Im Inneren der doppeltürmigen Kirche zieren die Decken indianische Bilder, gemalt mit pflanzlichen ter San Franciscos. *Tgl. 9–16 Uhr | $ 5 Spende erbeten | 3321 16th Street | www.missiondolores.org | Muni F Market an der Ecke Church & 14th Street, umsteigen in Muni 226 Fillmore oder zwei Blöcke nach Süden laufen*

Schrill und trendy – mit ihren *murals* gleicht die Mission Street teils einer Open-Air-Galerie

Farben. Der Altar und die Statuen stammen aus Mexiko.

Die Toten, die hier ihre letzte Ruhe fanden, dürften auch weniger empfindlichen Menschen Grund zum Gruseln geben. Tausende eilends zum rechten Glauben „bekehrte" Indianer liegen in unmarkierten Gräbern. Dutzende während des Goldrauschs Erschlagene wurden neben einigen wenigen Damen der gewerblichen Unzucht begraben, deretwegen sich mancher tödliche Streit entsponnen hatte. Und mittendrin schlafen sanft der Missionsvater, der mexikanische Gouverneur von Alta California sowie der letzte mexikanische Bürgermeis-

11 MISSION STREET
(137 E3–142 A6) (*N8–11, O7–R4*)
Bis zur South Van Ness Street verläuft die Mission Street durch den Hochhausbezirk der parallelen Market Street. An der 11th Street biegt sie nach Süden ab, unterquert den Central Skyway – und führt in ein anderes Land. Dort beginnt der lateinamerikanische *Mission District*. *Se habla español*, heißt es in den Restaurants und Geschäften – man spricht Spanisch. Und man lebt auch fast klischeehaft so: in einfachen bis schäbigen Häusern, mit lauter Musik und aufgemotzten Straßenkreuzern. Achtung: Mag die Gegend noch so hip sein –

SEHENSWERTES

Gangs machen sie ab der 16th Street unsicher. *Muni 14 Mission*

12 OCEAN BEACH ●
(132 A6–138 A4) *(m A7–12)*
Der windigste, wildeste und nebeligste Strand der Stadt heißt Ocean Beach. Trotz der Wetterverhältnisse wandelten Städteplaner die Sanddünen zum Wohngebiet um: Die Stadtviertel *Outer Richmond*, *Sunset* und *Parkside* waren geboren. Erfahrene Surfer wagen sich in die Wellen, Schwimmer ertrinken darin nicht selten. Im September/Oktober ist Ocean Beach am wärmsten – vielleicht sogar für ein kurzes Sonnenbad, auf jeden Fall für einen Strandspaziergang. *Great Highway | Muni N Judah*

13 STRYBING ARBORETUM & BOTANICAL GARDENS
(139 F2) *(m F–G 8–9)*
Der beeindruckende botanische Garten im Strybing Arboretum beherbergt Tausende von Pflanzen, die teilweise nur noch hier zu finden sind: einheimische Gewächse und solche aus Asien, Afrika, Südamerika und Australien. *Tgl. 7.30–18 (Mitte März–Sept.), 7.30–17 (Okt.–Anfang Nov. und Feb.–Anfang März), 7.30–16 Uhr (Anfang Nov.–Ende Jan.) | Eintritt $ 7 | 1199 9th Av./Ecke Lincoln Way | www.sfbotanicalgarden.org | Muni 71 Haight/Noriega*

14 TWIN PEAKS ☼
(140–141 C–D4) *(m J–K11)*
Besonders an nebelfreien Abenden grandios: die Aussicht vom Doppelhügel Twin Peaks. Die Spanier nannten die beiden 275 und 277 m hohen Erhebungen *Los Pechos de la Chica* – die Brüste des Mädchens. Der Twin Peaks Boulevard umkreist beide Gipfel. *Muni F Market bis Castro Station von dort Muni 37 Corbett bis Endstation, dann kurzer, steiler Fußweg*

HAFEN/ NORTH BEACH/ CHINATOWN

Kontrastreich ist das Gebiet um Fisherman's Wharf, North Beach, Chinatown, Nob Hill und Russian Hill. Die Zeiten des Goldrauschs von 1848/49, in denen über 600 Schiffe von ihren Besatzungen im Hafen von San Francisco zurückgelassen wurden, sind lange vorbei.

★ *Fisherman's Wharf* ist jedoch mehr als nur eine Sammlung von T-Shirt-Läden und Restaurants: Heute liegen am *Hyde Street Pier* Museumsschiffe, während östlich des Touristen-Epizentrums *Pier 39* die Kreuzfahrtdampfer anlegen. Und noch immer stechen von der Nordseite der Jefferson Street Fischer in See, um mit vollen Netzen zurückzukehren.

Nach jahrelanger Versandung liegt *North Beach* nicht mehr direkt am Wasser: Heute bestimmen statt italienischer Seeleute italienische Cafés und Restaurants sowie coole Bars das Straßenbild. Das benachbarte *Chinatown* ist noch immer eins der größten chinesischen Ballungszentren an der Pazifikküste, doch auf dem *Russian Hill* wohnt kaum noch ein Russe – die russische Minderheit zog es schon vor langer Zeit in den Richmond District.

Der im Erdbeben von 1906 fast komplett zerstörte *Nob Hill* beherbergt heute zahlreiche edle Hotels und Apartmentgebäude. Der hier früher residierende Geldadel baute seine prachtvollen Villen im westlich gelegenen Pacific Heights neu auf. Entlang der *Polk Street* treffen Sie in schrägen Kneipen und Restaurants aus aller Herren Länder auf jede Menge entspannte Einheimische.

HAFEN/NORTH BEACH/CHINATOWN

1 ALCATRAZ ISLAND ★ ●
(144 B2) (*M 0*)

Die Spanier nannten das Felseneiland *Isla de los Alcatraces* – Insel der Pelikane –, weil Tausende dieser Vögel es bevölkerten. Erst die Amerikaner errichteten auf der Insel ein Fort, das später in ein Armeegefängnis und schließlich in das gefürchtetste Zuchthaus der Vereinigten Staaten umgewandelt wurde. Das war 1934, als die Öffentlichkeit einen „Tigerkäfig" für die schlimmsten der Gangster forderte. Das eiskalte Wasser, starke Strömungen, Maschinengewehrtürme und elektronische Detektoren sorgten für die gewünschte Isolation der Inhaftierten. Al Capone schmorte auf dieser „Insel des Teufels", ebenso „Machine Gun Kelly", „Doc" Barker, „Creepy" Karpis und der „Birdman" von Alcatraz.

Aber so viele Unterweltgrößen gab es schlicht nicht, um die mehr als 300 Zellen zu füllen. Deshalb wurden dann sogar einfache Autodiebe und Einbrecher auf der Insel eingekerkert. Und das erschien den Vollzugsbehörden dann doch unsinnig – wegen der Kosten, zu denen man den Inhaftierten auch Hotelzimmer hätte mieten können. Als 1962 drei Männer flüchteten, nahm die Regierung dies zum Anlass, das teure Verlies zu schließen.

Heute steht Alcatraz als Teil der *Golden Gate National Recreation Area* unter Verwaltung des *National Park Service*. Rechnen Sie etwa vier Stunden für den Besuch ein. Die Überfahrt zur Insel startet vom Pier 33, buchen Sie wegen des Ansturms Ihre Tour unbedingt vorher. Die ☼ **INSIDER TIPP** ► *Night Tour* bietet besonders spektakuläre An- und Aussichten. *Tgl. ab 9 Uhr, letzte Fahrt saisonal unterschiedlich | Fahrpreis inkl. Audiotour ab $ 30 | alcatrazcruises.com*

2 CABLE CARS & F-LINE ★ ●
Sie sind Wahrzeichen und rollende Museen zugleich. Mehrmals schon sollten die Cable Cars eingemottet werden. Je-

Per Ausflugsboot zum sichersten Gefängnis der Welt: Alcatraz

SEHENSWERTES

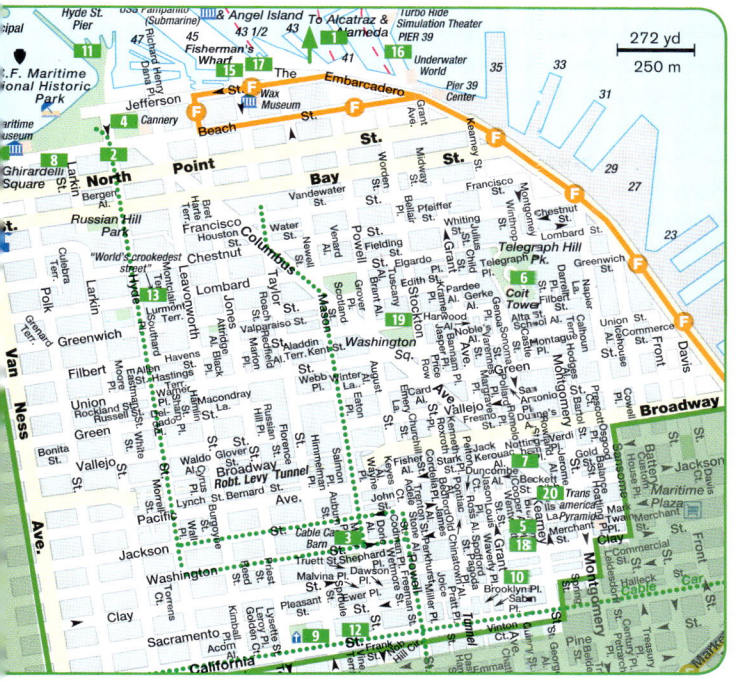

SEHENSWERTES IM HAFEN/NORTH BEACH/CHINATOWN

- **1** Alcatraz Island
- **2** Cable Cars & F-Line
- **3** Cable Car Museum
- **4** Cannery/Del Monte Square
- **5** Chinese Culture Center
- **6** Coit Tower
- **7** Columbus Tower
- **8** Ghirardelli Square
- **9** Grace Cathedral
- **10** Grant Avenue
- **11** Hyde Street Pier
- **12** James C. Flood Mansion
- **13** Lombard Street
- **14** Maritime Museum
- **15** Musée Mécanique
- **16** Pier 39
- **17** Ripley's Believe It or Not Museum
- **18** Robert Louis Stevenson Memorial
- **19** St Peter and Paul
- **20** Transamerica Pyramid

des Mal gab es jedoch augenblicklich großen Protest. Seit 1955 ist es Gesetz: Der Betrieb der drei Linien kann nur mit Zustimmung der Wählermehrheit eingestellt werden – ein wirklich unwahrscheinlicher Fall. **INSIDER TIPP** Vermeiden Sie übrigens ewiges Warten an den Startstationen, indem Sie ein paar Stationen weiter laufen, um dann in den nächsten Wagen einzusteigen – oder sich einfach aufs Trittbrett zu schwingen.
Auch auf der Strecke der F-Line setzen die Muni-Verkehrsbetriebe historische Fahrzeuge ein – manche noch aus den 1920er-Jahren. Sie können Ihren Augen trauen: Die Straßenbahnen, die von Fisherman's

45

HAFEN/NORTH BEACH/CHINATOWN

Wharf über Embardacero und Market Street bis zum Castro-Viertel fahren, kommen aus Hamburg. Und aus Osaka, Melbourne, Moskau und Mailand, aber auch aus Newark, Philadelphia und natürlich San Francisco. Vom Fisherman's Wharf über Embardacero und Market Street bis zum Castro-Viertel sind sie täglich bis zu 20 Stunden im Einsatz – Respekt.

3 INSIDER TIPP CABLE CAR MUSEUM ● (136 C3) (*m* O4)
Wie funktioniert der unterirdische Seilzug, wie sahen die Wagen früher aus, wie werden sie angetrieben – hier wird alles Wissenswerte bis ins Detail erklärt. *Tgl. 10–18, Okt.–März nur bis 17 Uhr | Eintritt frei | 1201 Mason Street | Cable Car Powell/Hyde, Powell/Mason*

4 CANNERY/DEL MONTE SQUARE (136 B1) (*m* N2)
Die 1907 errichtete, einst größte Dosenpfirsichfabrik der Welt, beherbergt heute Restaurants und Shops. Im Innenhof: die Tische von *Jack's Cannery Bar,* einer der wenigen Open-Air-Bars der Stadt mit mehreren Dutzend Bieren vom Fass und über 130 Jahre alte Olivenbäume, die den Besuchern Schatten spenden. *500 Beach Street | Muni F Market*

5 CHINESE CULTURE CENTER (136 C3) (*m* P4)
Das Zentrum will Treffpunkt der chinesischen Gemeinde sein und chinesische Kunst und Kultur fördern. Die Ausstellungen wechseln häufig, haben aber immer einen Bezug zur chinesischen Kultur. Interessant für Besucher sind Aktivitäten wie die *Heritage* und *Culinary Walks,* bei denen kundige Führer Spaziergänge durch Geschichte und Küche von Chinatown leiten. *Di–Sa 10–16 Uhr | $ 5 Spende | 750 Kearny Street | 3. Stock des Hilton Hotels | www.c-c-c.org | Muni 15 3rd*

6 COIT TOWER (136 C2) (*m* P3)
137 m über dem Meeresspiegel – das ist natürlich nur beeindruckend, wenn der Meeresspiegel so nahe vor einem liegt. Da dies hier der Fall ist, bietet der 63 m hohe Turm auf dem 74 m hohen *Telegraph Hill*, der wiederum unmittelbar vor den Piers von San Francisco nach oben strebt, einen besonders schönen Rundblick.

Lillie Hitchcock Coit, eine reiche Exzentrikerin, hatte eine gewisse Vorliebe für Feuerwehrmänner. Als Kind war sie das Maskottchen der Mannschaft von Löschwagen Nummer fünf. Nach ihrem Tod 1929 hinterließ sie $ 100 000 mit der Verfügung, den Turm zu Ehren der Feuerwehrleute zu bauen.

Im Kontrast zum Reichtum von Lillie Hitchcock Coit stehen einige Motive der Wandmalereien im Inneren. Hier sehen Sie proletarischen Realismus pur, den rund 30 Maler, die sich am Mexikaner Diego Rivera orientierten, 1934 schufen. Die Säulenform des Turms ähnelt indes nur zufällig dem Rohr einer Feuerspritze. Ein Fahrstuhl führt zur Aussichtsetage. *Tgl. 10–17 Uhr | Eintritt $ 7 | 1 Telegraph Hill Blvd. | Muni 39 Coit*

7 COLUMBUS TOWER (136 C3) (*m* P4)
Manche nennen ihn korrekt *The Sentinel Building*, andere sprechen schlicht von *Coppola's* – nach dem Filmemacher Francis Ford Coppola, der hier seine Geschäfte betreibt. Das *Café Zoetrope* im Erdgeschoss bietet italienische Speisen und Weine an. Vielleicht erspähen Sie dort ja die eine oder andere Hollywoodgröße? Die benachbarte *Transamerica Pyramid* schafft einen wunderbar fotogenen Kontrast zwischen Alt und Neu. *Columbus Av./Ecke Kearny Street | Muni 41 Presidio*

SEHENSWERTES

8 GHIRARDELLI SQUARE
(135 F1–2) (*N2*)

Am Westrand des Fisherman's Wharf liegt der Ghirardelli Square, benannt nach der Schokoladenfabrik des italienischen Kaufmanns Domenico Ghirardelli. Dessen Leckereien (Milchshakes!) werden hier noch immer verkauft, aber nicht mehr produziert. Livemusik, Restaurants und Läden runden das Bild ab. *So–Do 9–23, Fr/Sa 9–24 Uhr | 900 N Point Street | Muni 19 Polk*

Street/Ecke Taylor Street | Cable Car California | Muni 1 California

10 GRANT AVENUE
(136 C2–4) (*P2–5*)

Sie war die erste Straße von Yerba Buena, das zu San Francisco wurde, und sie hieß damals *Calle de la Fundación,* Gründungsgasse. An der Kreuzung mit der Bush Street wird sie schmaler, durch das *China Gate* geht es hier ins Herz von Chinatown. An der Kreuzung mit California

Gut kopiert: Selbst das Fußbodenlabyrinth der Grace Cathedral gleicht dem Original in Chartres

9 GRACE CATHEDRAL
(136 B–C 3–4) (*O4*)

Notre-Dame? Nein, Grace Cathedral, eine neugotische Nachahmung mit einem wunderschönen, nachts von innen angestrahlten Rosettenfenster, das 1970 im französischen Chartres angefertigt wurde. Die Grace Cathedral ist Bischofssitz der *Episcopal Church,* einer der wichtigsten protestantischen Gemeinden in den Vereinigten Staaten. *1100 California*

Street überrascht *The Old Cathedral of St Mary* (1854), früher San Franciscos katholische Kathedrale, heute die Gemeindekirche der chinesischen Katholiken.

Südlich des Drachentors an der Ecke Grant und Bush Street wechselt die Atmosphäre – wo bis zu Anfang des 20. Jhs. ein Rotlichtbezirk zu finden war, reihen sich heute exklusive Downtown-Geschäfte aneinander. Im Norden befinden sich ab der Kreuzung mit der Columbus Ave-

HAFEN/NORTH BEACH/CHINATOWN

Unzählig sind die kleinen, authentischen Läden in Chinatown, das 24 Häuserblocks umfasst

nue in den ehemaligen Elendsquartieren der Chinesen die Cafés und Kneipen von North Beach. Zusammengefasst erleben Sie die Grant Avenue vom Union Square kommend in der Abfolge elegant, pittoresk, heruntergekommen und am Ende schließlich schön. Denn dort, wo das Nordende der Straße den Telegraph Hill hinaufklettert, stehen einst schlichte Holzhäuser, die heute wegen ihrer Aussicht heiß begehrt und nahezu unbezahlbar sind. *Muni 30 Stockton*

11 HYDE STREET PIER
(138 B1) (*M N1*)

Ein Bild längst vergangener Zeiten malen die sechs Schiffe, die am Hyde Street Pier vor Anker liegen – vom Kap-Hoorn-Umsegler *Balclutha* bis zur Fähre *Eureka*. In einer Werkstatt bauen Nationalparkangestellte vom Zahn der Zeit angenagte Bootsteile von Hand nach. *Tgl. 9.30–17.30 (Juni–Aug.), 9.30–17 Uhr (Sept.–Mai) | Eintritt $ 5, Karte gilt 7 Tage | Cable Car Powell/Hyde*

12 JAMES C. FLOOD MANSION
(136 C3) (*M O4*)

Ein klassischer *brownstone,* der von der Bauweise her eher nach New York gepasst hätte. Das Herrenhaus war das erste Brownstonehaus, das westlich des Mississippi von Augustus Laver erbaut wurde, und zwar 1886 für den „Bonanza King" James C. Flood, einen Gewinnler des Silberbooms, der schon damals 1,5 Mio. Dollar für sein Haus aufbringen konnte. 1906 brannte es aus, wurde aber gerettet, bald darauf erweitert und umgebaut. Heute residiert dort der *Pacific Union Club,* ein exklusiver Verein wohlhabender Geschäftsleute. Der benachbarte **INSIDER TIPP** *Huntington Park* lädt zum entspannten Verschnaufen ein. *1000 California Street | Cable Car California*

13 LOMBARD STREET ★ ● ☼
(136 B–C2) (*M N–O3*)

The crookedest street in the world – die krummste Straße der Welt – darf nur abwärts befahren werden. So steil ist sie

SEHENSWERTES

und zudem mit Ziegelsteinen gepflastert. In atemberaubenden Kurven überwindet sie das Gefälle des *Russian Hill*. In jeder Kurve blühen Blumenrabatten, die ein herrliches Fotomotiv bilden. Wollen Sie die Lombard Street hinabfahren, meiden Sie die extrem geschäftigen Wochenenden. Das „krumme" Stück geht von der Hyde Street ab. *Cable Car Powell/Hyde*

14 MARITIME MUSEUM
(136 A1) (*Ø N2*)

Das Art-déco-Gebäude des *Bathhouse Building* aus den 30er-Jahren des 20. Jhs. ist einem Ozeandampfer nachempfunden – der *Aquatic Park (tgl. 10–16 Uhr)* bildet das Deck, komplett mit Bug und Heck. Im elegant-weißen Gebäude erstrahlen restaurierte Unterwasserwandmalereien. Besucherzentrum und Artefakte finden Sie an der Ecke Jefferson und Hyde Street. *Tgl. 9.30–17 Uhr*

Für Schiffsenthusiasten interessant und in empfehlenswerter Laufweite: die ● *USS Pampanito (tgl. 9–18 Uhr | Eintritt $ 12 | Pier 45)*, auf der U-Boot-Fans sogar übernachten können. Direkt daneben: die *SS Jeremiah O'Brien (tgl. 9–16 Uhr | Eintritt $ 12 | Pier 45)*, eines der über 2300 Liberty-Schiffe, die im Zweiten Weltkrieg für die Handels- und Kriegsmarine fuhren.

15 INSIDER TIPP MUSÉE MÉCANIQUE
(136 B1) (*Ø O2*)

Was unternahmen unsere Urgroßeltern um die Jahrhundertwende in der Freizeit? TV und Einkaufszentren gab es nicht, doch ein beliebter Zeitvertreib waren damals mechanische Spielautomaten und Musikinstrumente. Edward Galland Zelinsky stellt seine riesige Sammlung nostalgischer Geräte öffentlich aus – kostenlos! *Mo–Fr 10–19, Sa/So 10–20 Uhr | Pier 45, Ende der Taylor Street | www.museemecanique.org | Muni F Market*

16 PIER 39 ● (136 C1) (*Ø O–P 1–2*)

Der Pier 39 ist mit großen Blumenkübeln farbenprächtig geschmückt und besitzt mehr Geschäfte als Ghirardelli Square und Cannery zusammen. Seit 1989 übernehmen vorwitzige Seelöwen die

Auf den Holzanlegern beim Pier 39 tummeln sich dicht an dicht die Seelöwen

DOWNTOWN/SOUTH OF MARKET

Bootsstege westlich des Piers. Im Winter wächst ihre Zahl von 300 auf bis zu 1700 an – dann wird es eng auf den Holzplattformen, um die Tag und Nacht lautstark gerangelt wird. Am Wochenende informieren Mitarbeiter des *Marine Mammal Center* über das Leben der Seelöwen. *www.pier39.com | Muni F Market*

17 RIPLEY'S BELIEVE IT OR NOT MUSEUM (136 B1) (*ɱ O2*)

Die kleinste Geige der Welt, originelle Grabsteininschriften, angekettete Fakire und noch ungefähr 2000 andere von Robert LeRoy Ripley gesammelte Kuriosa sind hier zu bestaunen. *So–Do 10–20, Fr/Sa 10–24 Uhr | Eintritt $ 13,99 | 175 Jefferson Street | Muni F Market*

18 ROBERT LOUIS STEVENSON MEMORIAL (136 C3) (*ɱ P4*)

Er schrieb die *Schatzinsel* und begeisterte Millionen. Mit *Dr. Jekyll und Mr. Hyde* explorierte er die Persönlichkeitsspaltung. Sein persönliches Abenteuer war anderer Art: Arm und krank verbrachte er die Jahre 1878–80 damit, auf die Scheidung der von ihm angebeteten Fanny Osbourne zu warten. Danach hatte der Engländer noch 14 Jahre zu leben, bevor er 44-jährig 1894 auf Samoa starb. Ein Traumschiff auf einem Granitblock erinnert an ihn. *Portsmouth Square/Ecke Kearny Street und Washington Street | Muni 41 Union*

19 ST PETER AND PAUL (136 C2) (*ɱ P3*)

Hier heiratete der Baseballstar Joe DiMaggio seine erste Frau Dorothy Arnold und posierte nach der Hochzeit mit seiner zweiten Frau Marilyn Monroe für Fotos auf den Stufen der Eingangstreppe. Geleitet wird die Kirche, die sich ursprünglich an die italienischen Einwanderer richtete, vom Orden der Salesianer Don Boscos, der zweitgrößten katholischen Ordensgemeinschaft nach den Jesuiten. *666 Filbert Street | Muni 41 Union*

20 TRANSAMERICA PYRAMID (137 D3) (*ɱ P–Q4*)

Anfangs war er hochgradig umstritten, doch inzwischen ist der Büroturm zu einem Wahrzeichen der Stadt geworden. Und die Zahlen zu dem 1972 fertiggestellten, von William Pereira entworfenen Gebäude beeindrucken. Die oberste der 48 Etagen hat nur noch ein Elftel der Fläche des Parterres. 260 m – kein Haus, wohl aber der Fernsehturm ragt noch höher hinauf. *600 Montgomery Street/Ecke Columbus Av. | Muni 41 Union*

DOWNTOWN/ SOUTH OF MARKET

Civic Center, Financial District und South of Market – so kennen wir amerikanische Großstädte aus Film und Fernsehen: Hochhausschluchten, geschäftige Menschen, Autohupen und Polizeisirenen.

Das finden Sie zwar auch in der Innenstadt, der *Downtown* von San Francisco, doch irgendwie entspannter und nicht ganz so verbissen wie etwa in New York. Selbst im Finanzzentrum der Stadt laden immer wieder Bänke und die Sockel der Denkmäler zum Verweilen und dem Erkunden der alten und neuen Wolkenkratzer ein. In Coffeeshops und kleinen Restaurants stärken sich Angestellte und Stadtbummler für den Rest des Tages. Südlich der Market Street locken das 2006 eröffnete *Westfield Shopping Centre*, das Messezentrum *Moscone Center*,

SEHENSWERTES

das Einkaufs- und Kinozentrum *Metreon*, das *Yerba Buena Center for the Arts* und das *Museum of Modern Art* – da kommt keine Langeweile auf.

1 101 CALIFORNIA (137 D3) (*Q4*)

Der Architekt gehört zu den berühmtesten Amerikas – und ihm ist stets Originelles eingefallen. Philip Johnson schuf das auch *Hines Tower* genannte Gebäude Anfang der 1980er-Jahre, sozusagen als Vorspiel zur Postmoderne. Der Sockel des Hochhauses wirkt wie die Symbiose eines Treibhauses mit einem Steindreieck. Auf diesem Unterbau steht ein zylindrischer Turm, dessen Außenwand von Prismen bedeckt ist, die das Licht tausendfach brechen. Zwei steil aufragende, ebenfalls dreieckige Blumenterrassen bilden zusammen mit dem Sockel einen eigenwilligen Hof, in dem ein Brunnen aus weißem Granit plätschert. *101 California Street | Cable Car California*

2 555 CALIFORNIA STREET (137 D3) (*P4*)

Das 237 m hohe Gebäude war von 1969 bis 1998 globaler Hauptsitz der Bank of America. Schon 1904 gründete Amadeo Giannini in San Francisco die Bank of Italy. Sie fusionierte 1928 mit der Bank of America, Los Angeles zur Bank of America, dem lange Zeit größten Finanzinstitut der USA. Vor dem Gebäude: die Skulptur „Transcendence" des japanischen Weltkriegspiloten und Künstlers Masayuki Nagare, im Volksmund „The Banker's Heart" genannt. *555 California Street | zwischen Kearny und Montgomery Street | Cable Car California*

Zur Erdbebenstabilisierung erhielt die Transamerica Pyramid zwei schmale Seitenflügel

DOWNTOWN/SOUTH OF MARKET

3 ABRAHAM LINCOLN MONUMENT
(136 B5) (*N6–7*)

Da sitzt er, der 16. Präsident der Vereinigten Staaten, der 1865 erschossen wurde und deshalb zwar noch die Rückeroberung der Südstaaten, nicht aber mehr das Ende der Sklaverei erleben konnte. Freundlich, ja fast fragend schaut er vor dem Haupteingang des Rathauses auf die Menschen und unterscheidet sich damit von den meisten anderen Lincoln-Standbildern, die den Sklavenbefreier mit düsterem Blick zeigen. Als Haig Patigian das Denkmal 1926 schuf, hatten wie heute viele Menschen Sorgen, die denen der Sklaven gar nicht unähnlich waren: wirtschaftliche Depression, Not und Armut. *City Hall am Civic Center | Muni 5 Fulton, 21 Hayes*

Abraham Lincoln, Gegner der Sklaverei, sitzt vor der City Hall

4 ASIAN ART MUSEUM ★
(136 B5) (*O6*)

Das alte Gebäude im Golden Gate Park wurde aufgrund eines Erdbebenschadens eingerissen, seit 2003 residiert das Asian Art Museum in der ehrwürdigen ehemaligen Stadtbibliothek dem Rathaus gegenüber. Das Warten hat sich gelohnt: Auf fast 4000 m² werden etwa 17 000 verschiedene Ausstellungsstücke präsentiert. Aber auch die Architektur kann sich sehen lassen: Der italienische Stararchitekt Gae Aulenti war u. a. auch für die Architektur des Musée d'Orsay in Paris zuständig. Das Ergebnis: Die Integrität der im Beaux-Arts-Stil gebauten Gemäuer wurde erhalten und gleichzeitig mit vielen raffinierten Glaselementen aufgefrischt. *Di–So 10–17 Uhr | Eintritt $ 15 | 200 Larkin Street | www.asianart.org | Muni 21 Hayes*

5 AUDIFFRED BUILDING
(137 E3) (*R4*)

Nach seinem Erbauer Hippolite d'Audiffred benanntes, besonders hübsches viktorianisches Haus, das sich von den meisten anderen durch die Einheitlichkeit seines Stils unterscheidet. Da es in Büros und Geschäfte unterteilt ist, kann man es zum Teil auch von innen besichtigen. *1–12 Mission Street | am Embarcadero | Muni F Market*

6 AUTODESK GALLERY
(137 E3) (*R4*)

Eine Mischung aus schickem Design-Museum und milder Dauerwerbesendung ist die Galerie, die nach strengsten Energiesparvorschriften errichtet wurde. Sie

SEHENSWERTES

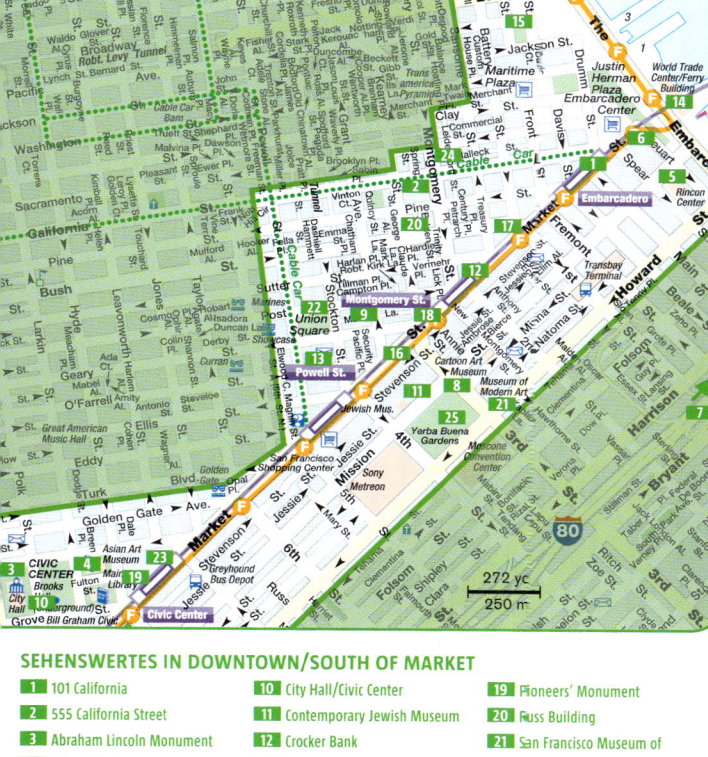

SEHENSWERTES IN DOWNTOWN/SOUTH OF MARKET

1. 101 California
2. 555 California Street
3. Abraham Lincoln Monument
4. Asian Art Museum
5. Audiffred Building
6. Autodesk Gallery
7. Bay Bridge/Treasure Island
8. Cartoon Art Museum
9. Circle Gallery
10. City Hall/Civic Center
11. Contemporary Jewish Museum
12. Crocker Bank
13. Dewey Monument
14. Ferry Building
15. Fountain of the Four Seasons
16. Market Street
17. Mechanics Monument
18. Pacific Telephone Building
19. Pioneers' Monument
20. Russ Building
21. San Francisco Museum of Modern Art (SFMoMA)
22. Union Square
23. Vallaincourt Fountain
24. Wells Fargo History Museum
25. Yerba Buena Gardens/Yerba Buena Center for the Arts

illustriert den Weg von der Idee zum fertigen Produkt: Autos, Gitarren, eine Kathedrale und sogar die Academy of Sciences – bei allen kam die Design-Software von Autodesk zum Einsatz. *Mi u. Fr 9–17 Uhr, Führung Mi 12.30 Uhr | Eintritt frei | 1 Market Street | Suite 200 | usa.autodesk.com/gallery | Muni F Market*

7 BAY BRIDGE/TREASURE ISLAND (144 C2) (*S4–5*)

Die *San Francisco-Oakland Bay Bridge* ist die Schwester der *Golden Gate Bridge*. Für den Verkehr ist die 1933–36 errichtete Verbindung mit Oakland lebensnotwendig: Rund 100 Mio. Autos rollen Jahr für Jahr über das 13,6 km lange, für

DOWNTOWN/SOUTH OF MARKET

In der überkuppelten City Hall werden seit 1906 die politischen Hebel in Bewegung gesetzt

Fußgänger gesperrte Bauwerk. Weltweit bekannt wurde sie durch das Erdbeben von 1989, als 15 m der Konstruktion brachen und die obere Fahrbahn auf die untere stürzte. Seit 2002 ziehen sich die Arbeiten an einem erdbebensicheren Neubau des Ostteils in die Länge – inzwischen sind die Kosten von 780 Mio. auf 6,4 Mia. $ gestiegen. 2013 feierte die Ein-Turm-Brücke auf der Ostseite nach größeren Verzögerungen Eröffnung. Traumhafte Ausblicke haben Sie von der ehemaligen Militärbasis Treasure Island. *Stadteinwärts $ 4–6 Maut*

8 CARTOON ART MUSEUM (137 D4) (*Q5*)

Die Gegend um San Francisco war schon immer ein Magnet für Cartoontalente. Im einzigen Cartoonmuseum der USA sind aber nicht nur Karikaturen zu sehen. Geschichtliche und soziale Veränderungen und ihre Hintergründe werden anhand von Cartoons ebenfalls erklärt. *Di–So 11–17 Uhr | Eintritt $ 7 | 655 Mission Street | www.cartoonart.org | Muni 30 Stockton*

9 CIRCLE GALLERY (136 C4) (*P5*)

Kennen Sie das Guggenheim-Museum in New York? In San Francisco steht das Gesellenstück dazu. Der Laden von Frank Lloyd Wright war die erste, kleine Ausführung eines Hauses mit einer sich innen hochwindenden Rampe. Er steht an der Maiden Lane, dem Jungfernstieg, der aber anders als jener in Hamburg vor 100 Jahren eine Gasse der Prostitution war. *140 Maiden Lane | nahe Union Square | Cable Car Powell/Hyde*

10 CITY HALL/CIVIC CENTER (136 B5) (*N6–7*)

Nach dem Erdbeben von 1989 nutzte der damalige Bürgermeister Willie Brown die Gunst der Stunde, das 1915 eröffnete Rathaus nicht nur seismisch zu sichern, sondern auch das Dach in den ursprünglichen Zustand zurückzuversetzen – Goldschmiedearbeiten im Wert von

SEHENSWERTES

über 330 000 $ inklusive. Das Gebäude mit seiner über 93 m hohen Kuppel – höher als das Kapitol in Washington, D. C. – wurde von Arthur Brown jr. entworfen, dem Architekten des Opernhauses und des Coit Tower.

Im Zentrum schwingt sich eine imposante Marmortreppe empor, im dritten Stock befindet sich u. a. der Saal, in dem 1954 Marilyn Monroe und Joe DiMaggio heirateten. Mit etwas Glück bringt Sie die INSIDER TIPP empfehlenswerte Führung ins Vorzimmer und den Empfangsraum des Bürgermeisters *(Mo–Fr 8–20, Führungen Mo–Fr 10, 12, 14 Uhr | 1 Dr. Carlton B. Goodlett Place)*.

Das Civic Center mit Bibliothek, Oper, Theater und Museum wurde nach dem Erdbeben von 1906 vollständig neu aufgebaut. Die französische Renaissance stand Pate für das Rathaus, die Fassaden der darum herumgruppierten Bauwerke wurden ihm angeglichen, obwohl sich die Bauphase von 1915 (Rathaus) bis 1936 *(Federal Office Building)* hinzog. Nur die 1980 entstandene *Davies Hall* – Sitz des *San Francisco Symphonic Orchestra* – wurde im bewussten Kontrast modern und weniger erdbebenanfällig errichtet. *Muni F Market, 21 Hayes*

11 INSIDER TIPP CONTEMPORARY JEWISH MUSEUM (137 D4) (ɰ P6)

Das erst 1984 gegründete Museum hat sich zum Ziel gesetzt, mit ständig wechselnden Ausstellungen und besonderen Veranstaltungen jüdische Kultur, Geschichte, Kunst und Gedankengut zu beleuchten. Die Exponate, Diskussionsrunden und Vorträge erwiesen sich als so populär, dass ein 7000 m² großer Neubau notwendig wurde, der 2008 seine Türen öffnete.

Das Gebäude erinnert nicht von ungefähr an das Jüdische Museum in Berlin beziehungsweise das Felix-Nussbaum-Haus in Osnabrück: Der verantwortliche Planer hießt in allen drei Fällen Daniel Libeskind. In San Francisco flanschte der US-amerikanische Stararchitekt einen Neubau mit den für ihn typischen dramatischen Linien an ein Umspannwerk von Pacific Gas & Electric an, das Willis Polk ein Jahr nach dem großen Erdbeben von 1906 entworfen hatte. Die Veranstaltungen des Contemporary Jewish Museum richten sich an alle Altersklassen: Familien basteln Puppen mit Mitgliedern des israelischen Nationaltheaters, Teenager erkunden die Architektur des Museums, während deren Eltern die laufende Ausstellung besuchen. *Do 11–20, Fr–Di 11–17 Uhr | Eintritt $ 12 | 736 Mission Street | www.thecjm.org | Muni 30 Stockton*

12 CROCKER BANK (137 D4) (ɰ Q5)

Alt und Neu: An der Ecke Montgomery Street und Post Street erhebt sich der Hauptsitz des Geldhauses wie damals zur Gründerzeit. Aber er wurde Mitte der 1980er-Jahre in einen Turm integriert und erscheint daher wie ein Einschluss im Bernstein gefangen. Der Turm, eine mit rosa Marmor verkleidete, schlanke Nadel, ragt 212 m in die Höhe. Zwischen den beiden Gebäudeteilen liegt noch eine Einkaufspassage unter einem gewölbten Glasdach, die sich über vier Etagen erstreckt – eine höchst sehenswerte Kombination. Der Dachgarten ist eine grüne Oase inmitten der geschäftigen Stadt. *Post Street/Ecke Montgomery Street | Muni F Market*

13 DEWEY MONUMENT (136 C4) (ɰ P5)

Auch dies ein Denkmal zur Verherrlichung des Spanisch-Amerikanischen Kriegs von 1898: Auf einem Granitklotz stürmt eine geflügelte und gekrönte Siegesgöttin mit Dreizack in der Hand US-Navy-Admiral Dewey entgegen, der in

DOWNTOWN/SOUTH OF MARKET

der Seeschlacht von Manila Bay die spanische Flotte bezwang und der Alten Welt die Dritte Welt zugunsten der Neuen Welt abjagte. *Union Square | Cable Car Powell/Hyde, Powell/Mason*

14 FERRY BUILDING (137 E3) (*ω R4*)

Das Ferry Building am Ende der Market Street (1892–1898) war vor dem Bau der Bay Bridge und der Golden Gate Bridge nach London Charing Cross Station das zweitgrößte Terminal der Welt und ein Verkehrsknotenpunkt: der Fähranleger, von dem aus die Boote über die Bay fuhren. Immerhin entstiegen hier schon vor 1936 jährlich rund 50 Mio. Passagiere den Fähren aus Norden und Osten – viele kamen vom Bahnhof der transkontinentalen Eisenbahn in Oakland.

2003 wurde das Ferry Building mit seinem 70 m hohen Glockenturm rundum erneuert und lädt nun mit Cafés, einem Buchladen, Restaurants und von lokalen Erzeugern angebotenen Nahrungsmitteln zu einem ausgiebigen Bummel ein. *The Embarcadero/Ecke Market Street | Muni F Market*

15 FOUNTAIN OF THE FOUR SEASONS (137 D3) (*ω Q3–4*)

Die vier Jahreszeiten – sie werden an dem 1967 von François Stahly geschaffenen Brunnen von vier Säulen aus Bronze symbolisiert. Das Wasser fließt von den Säulen in einen ruhigen, kleinen Teich. Der Brunnen bildet den Mittelpunkt des oft übersehenen Parks am Sydney G. Walton Square, der noch mit einigen weiteren Kunstwerken, gepflegtem Rasen, hohen Pinien und kreisförmig angepflanzten Pappeln zu einer kleinen Rast einlädt. *Jackson Street/Ecke Front Street | Muni F Market, 10 Townsend*

16 MARKET STREET
(137 E3–141 D5) (*ω L9–R4*)

Sie verläuft diagonal und stört den ansonsten meist rechtwinkligen Stadtgrundriss. Mit ihrer Breite von 30 m hat sie viele Grundstücke aufgezehrt. Deswegen wurde der Landvermesser Jasper O'Farrell, der sie 1847 plante, beinahe gelyncht. Nun aber ist sie längst eine der wichtigsten Verkehrsachsen San Franciscos. Unter ihr laufen die Muni-Metros und die Bart-Linie,

RICHTIG FIT

Noch überschüssige Energien übrig? Dann die Laufschuhe angezogen und die Hügel von Potrero Hill rauf und runter gejoggt – von der ✹ *De Haro Street* **(143 D2–4)** *(ω Q9–11) (Muni 19 Polk)* gibt's herrliche Ausblicke auf die Innenstadt. Wenn Sie lieber Sport gemeinsam mit anderen machen, freuen sich im weitläufigen ● *Golden Gate Park* **(138 A2–140 C2)** *(ω A–H 8–9) (Muni 5 Fulton)* Fuß- und Volleyballer, Frisbee-Golfer und Boccia-Experten immer auf neue Mitspieler.

Oder gehen Sie lieber ins Wasser? Alle Stadtstrände sind ganzjährig geöffnet, und der *South End Rowing Club* **(136 B1)** *(ω N2) (www.serc.com | Muni F Market)* veranstaltet ein jährliches 2000-m-Schwimmen von Alcatraz zum Aquatic Park.

Das ganze Jahr können Sie sich auch bei schlechtem Wetter in der überdachten Eishalle und Bowlinganlage ● *Yerba Buena Ice Skating & Bowling Center* **(137 D5)** *(ω Q6) (www.skatebowl.com | Muni 30 Stockton)* sportlich betätigen.

SEHENSWERTES

An der lebhaften Market Street enden auch die Cable Cars der California-Linie

die die Stadt mit den Siedlungsgebieten jenseits der Bay verbindet. Diese Transportmittel wiederum bildeten die Infrastruktur, die nötig war, um in den 1970er-Jahren die Bürohochhäuser des Financial District zu beiden Seiten des nordöstlichen Teils der Market Street hochzuziehen. Behörden residieren im zentralen Civic Center an ihrer Nordseite. Der verlotterte Mittelteil Mid-Market erlebt durch den Zuzug vieler Tech-Firmen einen zweiten Frühling. An ihrem Ende im Südwesten ist die Straße nicht mehr überall bebaut. Dort, wo sie sich zum Bergkamm zwischen Corona Heights und Twin Peaks hinaufwindet, ist das Gelände oft zu steil, um darauf Häuser zu errichten. *Muni F Market*

17 MECHANICS MONUMENT
(137 D4) (*Q5*)

Moment mal, sind wir hier wirklich noch in einem Paradeland des Kapitalismus? Fünf überdimensionierte Arbeiter hantieren an einer Eisenplatte. Das Denkmal des proletarischen Realismus schuf Douglas Tilden 1900/01, um Peter Donahues zu gedenken. Der irische Einwanderer baute die erste Druckerpresse, die erste Straßenbahnlinie und gründete die San Francisco Gas Company. *Battery Plaza/Ecke Market Street | Muni F Market*

18 PACIFIC TELEPHONE BUILDING
(137 D4) (*Q5*)

Einer der schönsten Wolkenkratzer – aus dem Jahr 1925. Vorne streben die langen Linien nach oben, hinten ist das erste Hochhaus San Franciscos asymmetrisch konstruiert. Heute residieren hier unter anderem die Internetfirma Yelp und der Software-Entwickler Lumosity. *140 New Montgomery Street | nahe Market Street | Muni F Market*

19 PIONEERS' MONUMENT
(136 B5) (*Q6*)

Das größte Denkmal der Stadt gebührt den Pionieren, jenen Abenteurern und Wagemutigen, die den amerikanischen Kontinent eroberten. Einer mit Schild

DOWNTOWN/SOUTH OF MARKET

und Speer ausgestatteten Göttin huldigen vier Gruppen weißer Ankömmlinge, die über Meere, Landwege und Indianer obsiegten. Ein gewisser James Lick stiftete das riesige Denkmal. Sein Name prangt neben dem der Siedler und Soldaten, die sich die Neue Welt untertan machten. *Hyde Street/Ecke Fulton Street | Muni F Market*

20 RUSS BUILDING (137 D4) (*Q5*)

Das neogotische Hochhaus von 1927 war mit seinen 31 Etagen lange das höchste Gebäude San Franciscos. Trotz seiner Symmetrie besitzt es die für viele Gebäude aus jenen Jahren typische abwechslungsreiche Gestaltung. Die Mieter: Anwaltskanzleien und die städtische Handelskammer. *235 Montgomery Street | nahe Pine Street | Cable Car California | Muni 1 California*

21 SAN FRANCISCO MUSEUM OF MODERN ART (SFMOMA) (137 D4) (*Q5*)

Die Stärken des Museums für moderne Kunst liegen besonders beim abstrakten Expressionismus und bei der Fotografie. Das Haus hatte immer wieder mit dem Problem zu kämpfen, dass die Räume gar zu klein waren und aus den Beständen Teile für „rotierende" Ausstellungen ausgewählt werden mussten.

1995 verbesserte sich die räumliche Situation entscheidend. Das Museum konnte in einen von dem Schweizer Architekten Mario Botta entworfenen, 60 Mio.$ teuren Neubau umziehen, der durch seine raffinierte Formgebung und Lichtführung zu einer echten Kathedrale der modernen Kunst wurde.

15 Jahre später war das Museum wieder zu klein: Die Zahl der Kunstwerke

Das SFMoMa: So spektakulär wie die Architektur sind viele der hier gezeigten Kunstwerke

SEHENSWERTES

hatte sich seit 1995 auf 27 000 verdoppelt. Bis Anfang 2016 blieb das Stammhaus an der 3rd Street darum für Erweiterungsarbeiten geschlossen, die ihm zu rund sechs Mal mehr Ausstellungsfläche verhalfen. So entstand beispielsweise Platz für die über 1100 Exponate große Sammlung moderner Kunstwerke der Gap-Gründer Doris und Donald Fisher. Bis 2016 präsentierte das Museum überall in der Stadt kleine und große Projekte, etwa tonnenschwere Stahlbauten von Mark Di Suvero auf dem Crissy Field. Auf der Museumswebsite finden Sie aktuelle Informationen sowie die zum Zeitpunkt der Drucklegung dieses Bands noch nicht endgültigen Öffnungszeiten. *151 3rd Street | www.sfmoma.org | Muni 30 Stockton*

22 UNION SQUARE (136 C4) (*m P5*)

Das Herz der Stadt liegt inmitten eines der elegantesten Einkaufsviertel und ist zugleich ein kleiner botanischer Garten mit Palmen und exotischen Blumen. Hier trifft man sich, beobachtet Leute und döst in der Sonne. Marineadmiral Deweys Sieg über die spanische Flotte wird mit einem Denkmal in Erinnerung gebracht. Seinen Namen erhielt der Platz, weil hier kurz vor Ausbruch des Bürgerkriegs für die Union, die Nordstaaten also, demonstriert wurde. *Muni 45 Union-Stockton | Cable Car Powell/Hyde, Powell/Mason*

23 VALLAINCOURT FOUNTAIN
(137 D3) (*m Q–R4*)

So waren sie, die 1970er-Jahre, jedenfalls in der Architektur: nüchtern, praktisch, funktional. Ihnen hat Armand Vallaincourt 1971 das entsprechende Denkmal namens *Québec libre!* gesetzt, indem er mehr als 100 Betonklötze übereinanderlegen ließ. *Justin Herman Plaza | Muni F Market*

24 WELLS FARGO HISTORY MUSEUM
(137 D3) (*m Q4*)

Spannend war der Wilde Westen – eine von Schießereien und Postkutschenverfolgungen prall gefüllte Pioniergeschichte. Auf zwei Etagen des Hauptsitzes der 1852 gegründeten Wells Fargo Bank, der ältesten Bank Kaliforniens und größten Transportgesellschaft des Westens, ist sie nachzuerleben. Abzeichen und Gewehre, *gold nuggets* aus der Zeit des Goldrauschs und das Werkzeug der Schürfer sowie die große *Wells Fargo Overland Stage Coach* von 1865, eine Postkutsche, die bis zu 20 Personen befördern konnte. *Mo–Fr 9–17 Uhr | Eintritt frei | 420 Montgomery Street | Cable Car California*

25 YERBA BUENA GARDENS/YERBA BUENA CENTER FOR THE ARTS ●
(137 D5) (*m k–L 8–9*)

Noch vor wenigen Jahren trauten sich nur wenige in die Yerba Buena Gardens, gerade einmal zwei Blöcke von der Market Street entfernt. Drogendealer und Obdachlose teilten sich die Grünfläche zwischen dem Metreon, dem San Francisco Museum of Modern Art und dem Creativity Museum. Inzwischen wurde der sonnige Park mit einem Wasserfall verschönert und gehört zu den Lieblingsplätzen der San Franciscans.

Trotz aller Pracht kann es leicht passieren, dass man am *Yerba Buena Center of the Arts (Do–Sa 12–20, So, Di/Mi 12–18 Uhr | Eintritt $10, erster Di im Monat Eintritt frei | 701 Mission Street | www.ybca.org)* vorbeiläuft. Das wäre ein großer Fehler. In den östlich vom Park gelegenen Ausstellungsräumen geben sich die angesagtesten Künstler der Stadt die Klinke in die Hand. Die zumeist experimentellen Kunstwerke wollen nicht nur die Augen, sondern auch alle anderen Sinne betören und gleichzeitig provozieren. *Muni 30 Stockton*

ESSEN & TRINKEN

Es heißt, in San Francisco gäbe es so viele Restaurants, dass alle Einwohner gleichzeitig ausgehen könnten und jeder Platz fände. Man sagt aber auch, niemand sei in den USA so sehr auf eine schlanke Linie und auf gesundes Essen bedacht wie die Kalifornier.

Wie passt beides zusammen? Nun, es geht, wenn das Essen wirklich gut ist. Die Gastronomie Nordkaliforniens ist die eleganteste und bekömmlichste Amerikas – und ihre Hochburgen heißen Napa Valley und San Francisco. Jahrzehntelang war indes auch diese Küche mit Minderwertigkeitskomplexen beladen. Denn ihre Chefs kopierten nur, was sie in Europa sahen. Dann aber wurde die California-Cuisine erfunden. Ihr Grundrezept: Koche leicht, variiere die ethnischen Spezialitäten der vielen Völker im Land und besorge alle Zutaten frisch auf den heimischen Märkten.

Parallel änderten die Winzer des nahen Napa Valley ihre Methoden, gingen von der Massenproduktion zu gut gepflegten Weinen über. Diese beiden Grundlagen – herrlicher Wein und frische, einheimische Erzeugnisse – zeichnen auch anderswo eine hervorragende regionale Küche aus. Noch etwas macht die kulinarische Pilgerfahrt durch San Francisco lohnenswert: die Vielfalt der nationalen Gerichte. Japanisch, chinesisch, russisch, deutsch, italienisch, kreolisch, indisch – alles befindet sich quasi Tür an Tür. In einer Stadt mit über 1000 Restaurants können Sie sicher sein: Was nichts taugt, macht schnell wieder zu. Geben Sie also

San Francisco bietet alle Küchen dieser Welt – jeden Tag können Sie in einem anderen Land essen

auch kleinen Lokalen eine Chance – auch wenn man hier manchmal lange wartet. Zu den besonderen Regeln in jedem amerikanischen Restaurant gehört es, dass die Gäste sich nicht selbst den Platz aussuchen. Sie bekommen vom Servicepersonal einen Tisch zugeteilt. Trinkgeld ist in den Preisen auf der Speisekarte genauso wenig enthalten wie die Umsatzsteuer. Da Kellner nur ein geringes Grundgehalt bekommen, sind 15–20 Prozent Trinkgeld *(tip)* auf den Nettorechnungsbetrag angemessen.

COFFEE, BRUNCH & EIS

INSIDER TIPP ANGEL CAFE
(136 B4) *(M O5)*

Das Café ist eine wahre Innenstadtoase: Die freundlichen Eigentümer versorgen Sie mit kernigen Kaffeegetränken, hausgemachten Salaten und Sandwiches, einer riesigen Auswahl an Nachspeisen und freiem Internetzugang – was will man mehr? Im Untergeschoss können Sie im Ambiente wie aus Tausendundeiner Nacht in Ruhe Ihre nächsten Schrit-

COFFEE, BRUNCH & EIS

te planen. *Tgl.* | *700 Geary Street* | *Muni 38 Geary*

B. PATISSERIE ★ (135 D4) (*K5*)
Hier erhalten Sie himmlische Gebäckspezialitäten: Konditorin Belinda Leong wurde 2014 u. a. wegen ihres *kouign amann* (bretonischer Butterkuchen) für den renommierten *James Beard Award* nominiert. *Di–So* | *2821 California Street* | *Muni 1 California*

ac, Ginsberg, Snyder – viele Helden der Beatgeneration saßen schon in dem ehrwürdigen Kaffeehaus. *Tgl.* | *609 Vallejo Street* | *www.caffetrieste.com* | *Muni 45 Union/Stockton*

THE CRÊPE HOUSE ●
(136 B3) (*N4*)
Bei riesigen Portionen feiner Omeletts, köstlicher Crêpes und Waffeln ist dies ein herrlicher Platz, um die Einheimischen zu

Temperaturregulierende *coffee joulies* sind die Renner im Caffe Trieste

INSIDER TIPP ▶ CAFE PRAGUE
(137 D3) (*Q4*)
Im geschäftigen Bankenviertel versteckt sich dieser Ruhepunkt mit Speisen und Bier aus der Tschechischen Republik. Leckere Suppen und Salate, bei schönem Wetter auch vor dem Café. *Mo–Sa* | *424 Merchant Street* | *Muni 1 California*

CAFFE TRIESTE (136 C2) (*P3*)
In diesem Café in North Beach atmen Sie Geschichte: An den Wänden hängen Fotos von Schriftstellern, die hier über den Sinn des Lebens philosophierten. Kerou-

beobachten. An klaren Tagen lacht morgens die Sonne über Frühstücker und Bruncher – bei Regen blickt man durch große Fenster auf das Straßengewimmel. *Tgl.* | *1755 Polk Street* | *Muni 19 Polk*

HUMPHRY SLOCOMBE ICE CREAM ●
(142 C4) (*O11*)
Häufig stehen lange Schlangen vor dieser Eisdiele mit Bio-Eis. Rund ein Dutzend von 82 krassen Sorten gibt's täglich frisch, darunter *Jesus Juice, Butter Beer* und *Guinness Gingerbread*. *Tgl.* | *2790 Harrison Street* | *Muni 27 Bryant*

ESSEN & TRINKEN

MARIO'S BOHEMIAN CIGAR STORE AND CAFE (136 C2) (*P3*)
Das kleine, gemütliche Eckcafé gleich am Washington Square Park ist immer gut besucht. Probieren Sie die gegrillten Focaccia-Sandwiches. *Tgl. | 566 Columbus Av. | Muni 30 Stockton*

RED'S JAVA HOUSE
(137 E4) (*S5*)
In diesem seit 1923 geöffneten Stück Zeitgeschichte, wo sich einst Hafenarbeiter aufwärmten, gibt's weit mehr als nur Kaffee: Banker und Giants-Fans schätzen günstige Hamburger und *fish & chips* mit Blick auf die Bucht, an schönen Tagen unter freiem Himmel. *Tgl. | Pier 30 | Muni N Judah*

ST FRANCIS FOUNTAIN
(142 C4) (*P11*)
Der vielleicht älteste *diner* der Stadt ist seit 1918 im Geschäft: Wohlfühl-Frühstück (*chocolate chip pancakes!*), tolle Eiskreationen, wunderbare Milchshakes und: ein Tresen voller Süßigkeiten. *Tgl. | 2801 24th Street | Muni 27 Bryant*

INSIDERTIPP SWENSEN'S ICE CREAM
(136 B2) (*N3*)
1948 eröffnete Earle Swensen diese Eisdiele und landete damit einen weltweiten Hit bis nach Asien und den Mittleren Osten. Mutige Zeitgenossen wagen sich an die Sorten *Bubblegum* und *Wild at Heart*, Genießer wählen *Wild Mountain Blackberry* und *Turkish Coffee*. Nur drei Straßen von der Lombard Street entfernt. *Tgl. | 1999 Hyde Street | Tel. 1415 7756818 | Cable Car Powell/Hyde*

RESTAURANTS €€€

ACQUERELLO (136 B4) (*N4*)
Suzette Gresham-Tognetti kredenzt ausgefallene Pasta- und Fischspezialitäten, Giancarlo Paterlini kümmert sich um die passenden Weine. In einer ehemaligen Kapelle lesen Ihnen die Kellner jeden Wunsch von den Augen ab,

---

MARCO POLO HIGHLIGHTS

★ **B. Patisserie**
Erschwingliche und vielfältige Bioküche mit Blick auf die Bucht
→ S. 62

★ **Bix**
Zeitreise in die 1930er-Jahre → S. 64

★ **Greens**
Das Nonplusultra für Vegetarier → S. 64

★ **Harris'**
Top-Steaks im gediegenen Ambiente
→ S. 65

★ **Gary Danko**
Der renommierteste Gourmettempel von ganz San Francisco
→ S. 64

★ **Benu**
Asian Fusion in Vollendung in einem der besten Restaurants der Stadt → S. 64

★ **In-N-Out Burger**
Hamburger und Milchshakes, stets köstlich frisch zubereitet und nahe Fisherman's Warf
→ S. 70

★ **Nopa**
So gut, dass hier selbst Köche nach Feierabend essen und trinken
→ S. 67

★ **Zuni Café**
Szenetreff und einer der besten Orte für ein leckeres Mittagessen
→ S. 69

★ **The Plant Café Organic**
Erschwingliche und vielfältige Bioküche mit Blick auf die Bucht
→ S. 71

RESTAURANTS €€€

sind dabei aber nie aufdringlich. *So/Mo geschl.* | *1722 Sacramento Street* | *Tel. 1415 5 67 54 32* | *www.acquerello.com* | *Muni 1 California*

BIX ⭐ (137 D3) (*M P4*)
Edel und cool zugleich: Mit Art-déco-Ambiente und Livejazz ein verstecktes Kleinod mitten im Finanzviertel. Fein machen! Das Lokal wirkt fast wie ein Speisesaal eines Kreuzfahrtschiffs der 1920er-Jahre. Reservieren! *Mo–Do ab 16.30, Fr ab 11.30, Sa/So ab 17.30 Uhr* | *56 Gold Street* | *Tel. 1415 4 33 63 00* | *www.bixrestaurant.com* | *Muni 10 Townsend*

GREENS ⭐ 🌿 (136 A1–2) (*M M2*)
Eine der besten Adressen für fleischlose Küche. Das Lokal im Fort Mason liegt auf einem Anleger, der in die San Francisco Bay ragt. Mit Blick auf die Golden Gate Bridge und das schillernde Rot des Son-

GOURMETTEMPEL

Benu ⭐ (137 D4) (*M Q6*)
Corey Lee, Chefkoch und Inhaber des mit drei Michelinsternen prämierten Restaurants, kredenzt mit seinem Team knapp 20 Gänge feinster *Asian-Fusion-Küche*. Ab $ 195. *Di–Sa* | *22 Hawthorne Street* | *Tel. 1415 68 50 48 60* | *www.benusf.com* | *Muni F Market*

Gary Danko ⭐ (136 B1) (*M N2*)
Wer es ruhig und romantisch mag, sollte sich von Gary Danko verwöhnen lassen. Sein Restaurant bietet feinste französische Küche und gilt als das beste der Stadt. Ab $ 73. *Mittags geschl.* | *800 N Point Street* | *Tel. 1415 7 49 20 60* | *www.garydanko.com* | *Cable Car Powell/Hyde*

Michael Mina (137 D3) (*M Q4*)
Der in Ägypten geborene Starkoch betreibt in den USA inzwischen 18 Restaurants, vier davon in San Francisco. Mit dem schlicht Michael Mina genannten zog er zurück an seine erste Wirkungsstätte: in die Räumlichkeiten des ehemaligen Aqua. Hier wählen Sie das *chef's tasting menu ($ 160)* oder stellen sich Ihr Essen selbst zusammen. Tipp: der *Maine lobster pot pie* (Marktpreis). *Tgl.* | *252 California Street* | *Tel. 1415 3 97 92 22* | *www.michaelmina.net* | *Cable Car California*

One Market (137 E3) (*M R4*)
Etwas unter dem Radar vieler Gourmets bewegt sich dieses mit einem Michelinstern prämierte Restaurant, dessen Chefkoch Mark Dommen lokale Produkte mit französischer Kochschule mixt – was er im *Fleur de Lys* von seinem Mentor Hubert Keller lernte. Ab $ 85 erleben Sie ein Sieben-Gänge-Menü am *chef's table* mit persönlicher Betreuung im Rahmen einer „Hinter den Kulissen"-Tour durch die Küche. Vorzügliche Steak- und Fischgerichte. *Tgl.* | *1 Market Street* | *Tel. 1415 7 77 55 77* | *www.onemarket.com* | *Muni F Market*

Saison (137 E5) (*M P6*)
Das teuerste Restaurant der Stadt: Joshua Skenes' günstigstes *tasting menu* kostet $ 248. Dafür gibt es ein Dutzend vorzüglicher Gänge, vorwiegend aus Fisch- und Meeresfrüchten – täglich frisch zusammengestellt. *Di–Sa* | *178 Townsend Street* | *Tel. 1415 8 28 79 90* | *saisonsf.com* | *Muni 10 Townsend*

ESSEN & TRINKEN

Hochkonzentriert arrangiert Corey Lee im Gourmettempel Benu jede einzelne Zutat

nenuntergangs schmecken Wasserkressesalat und gegrilltes Gemüse noch mal so gut. *Mo mittags geschl. | Fort Mason | Gebäude A | Tel. 1 415 7 71 62 22 | www. greensrestaurant.com | Muni 30 Stockton*

HARRIS' ★ (136 A3) (*M N4*)

In diesem seit über 30 Jahren geöffneten Steakhaus kommen Fleischesser auf ihre Kosten: Filet Mignon, *pepper steak, boneless New York steak* – schade, dass man nicht alles probieren kann, was die Speisekarte feilbietet. Spielt Geld wirklich keine Rolle, ordern Sie japanisches Kobe-Beef für rund $ 200. *Tgl. | 2100 Van Ness Av. | Tel. 1 415 6 73 18 88 | www. harrisrestaurant.com | Muni 47 Van Ness*

KULETO'S (136 C4) (*M P5*)

Marmorboden, hohe Decke und eine *Brunswick Bar,* die per Segelschiff aus England hierher transportiert wurde. Altenglisches Ambiente, doch serviert wird eine abwechslungsreiche italo-kalifornische Küche. *Tgl. | 221 Powell Street | Tel. 1 415 3 97 77 20 | www.kuletos.com | Cable Car Powell/Hyde, Powell/Mason*

INSIDER TIPP LA MAR (137 E3) (*M R4*)

Keine halbe Nummer: Im renovierten Pier 1.5 tischen blendend gelaunte Kellner traditionelle peruanische Speisen wie *cebiche, lomo saltado* und Fischgerichte auf. Obendrein gibt es hier den besten *Pisco Sour* der Stadt. Tägliche Happy Hour 15–18 Uhr. *Tgl. | Pier 1.5 | Tel. 1 415 3 97 88 80 | lamarsf.com | Muni F Market*

RESTAURANTS €€

1300 ON FILLMORE (135 E5) (*M M6*)

Moderner Supper-Club, schicke Atmosphäre. Chefkoch David Lawrence mischt seine englische Herkunft mit Jamaika, Frankreich und den Südstaaten: *catfish* und *cornbread* probieren! Freitagabend Livejazz, sonntags Gospel-Brunch. *Tgl. | 1300 Fillmore Street | Tel. 1 415 7 71 71 00 | www.1300fillmore.com | Muni 38 Geary*

RESTAURANTS €€

ALEGRÍAS (136 B2) (*L3*)
Gerichte und Einrichtung könnten nicht spanischer sein. Besitzer und Chefkoch Faedi González kocht nach Rezepten seiner Mutter und Großmutter – das lieben die Latinos. *Mi–Mo nur abends | 2018 Lombard Street | Tel. 1415 9 29 88 88 | www.alegriassf.com | Muni 30 Stockton*

INSIDER TIPP ▶ BOULEVARD
(137 E3) (*R4*)
2013 wählte die James Beard Foundation das Lokal im *Audiffred Building* zum Nation's Outstanding Restaurant. Der Gastronomie-Oscar prämierte die kalifornische Küche (Fischspeisen kosten!) von Chefköchin Nancy Oakes, Bedienung und Ambiente. *Sa/So mittags geschl. | 1 Mission Street | Tel. 1415 5 43 60 84 | www.boulevardrestaurant.com | Muni F Market*

FOREIGN CINEMA (142 B4) (*N10*)
Der Name ist Programm: Im Innenhof des modernen Restaurants können Sie sich zu Klassikern und aktuellen Independent-Filmen an der mediterran-kalifornischen Küche von Gayle Pirie und ihrem Mann John erfreuen. *Tgl. abends, Sa/So ab mittags | 2534 Mission Street | Tel. 1415 6 48 76 00 | www.foreigncinema.com | Muni 14 Mission*

JOHN'S GRILL (136 C4–5) (*P6*)
Für Anhänger von Dashiell Hammett und dessen Krimihelden Sam Spade ist das Lokal von 1908, das der Autor in den 1920ern frequentierte, ein Muss. Glasleuchter, Holz, Leder – alles ist so erhalten, wie Hammett und Spade es damals vorfanden. *Tgl. | 63 Ellis Street | Tel. 1415 9 86 00 69 | www.johnsgrill.com | Cable Car Powell/Hyde, Powell/Mason*

NEW ASIA ● (136 C3) (*P4*)
Authentischer geht es nicht: Im kavernenartigen New Asia futtern nicht nur chinesische Großfamilien *dim-sum*-Leckereien. *Tgl. | 772 Pacific Av. | Tel. 1415 3 91 66 66 | www.sfnewasia.com | Muni 30 Stockton*

Köche wie Gäste haben im Swan Oyster Depot die frische Zubereitung immer im Blick

ESSEN & TRINKEN

NOPA ★ ◎ (135 E6) (*m L7*)
Hier treffen sich Köche und andere Restaurantangestellte der Stadt nach Dienstschluss – denn die Küche serviert noch bis ein Uhr früh immer neue Biokostkreationen. Lecker! *Tgl. | 560 Divisadero Street | Tel. 1415 8 64 86 43 | www.nopasf.com | Muni 21 Hayes*

ORIGINAL JOES'S (136 C2) (*m P3*)
Kult: Im edlen Ambiente der 1940er sieht man bekannte Gesichter vor und hinter der Theke und isst noch immer riesige Portionen. Ordern Sie das *Joe's Special*. *Tgl. | 601 Union Street | Tel. 1415 7 75 48 77 | originaljoessf.com | Muni 41 Union*

INSIDER TIPP SOURCE (143 D2) (*m Q8*)
Feed yourself, feed your senses, feed your soul – so lautet das Motto von Source. Wer einmal den veganen Burger probiert hat, fasst nie wieder einen 08/15-Brätling an. Auch die hiesige Pizza begeistert – selbst Fleischfans. *Tgl. | 1 Division Street | Tel. 1415 8 64 90 00 | www.source-sf.com | Muni 10 Townsend*

SUNFLOWER (143 D3) (*m Q9*)
Auf dem Potrero Hill gelegen gibt's hier eine große Auswahl an vietnamesischem Essen – und das ohne lange Wartezeit, wenn Sie einmal im Restaurant sitzen. Gut: *Vermicelli* mit *BBQ pork*. *Tgl. | 288 Connecticut Street | Tel. 1415 8 61 23 36 | sunflowersf.com | Muni 10 Townsend*

SWAN OYSTER DEPOT
(136 B4) (*m N5*)
Austern, Krabben-Chowder und geräucherter Lachs: **INSIDER TIPP alle Fischspezialitäten von San Francisco – fangfrisch und zu fairen Preisen**. Gegessen wird am rustikalen Tresen, mittags ist es rappelvoll. Eine einmalige Erfahrung für Fischliebhaber! *Mo–Sa | 1517 Polk Street | Tel. 1415 6 73 11 01 | www.swanoysterdepotsf.com | Muni 1 California*

TADICH GRILL (137 D3) (*m Q4*)
Wer das älteste Restaurant Kaliforniens betritt, fühlt sich wie in einem *film noir*. Ausgezeichnete Fischgerichte, probieren Sie den *Cioppino*-Eintopf. Keine Reservierung. *Mo–Sa | 240 California Street | Tel. 1415 3 91 18 49 | www.tadichgrill.com | Muni Cable Car California*

WALZWERK (142 B2) (*m O8*)
Sie haben genug von internationaler Küche und kalifornischer Fusion-Kost? Sie sehnen sich nach guter deutscher Haus-

---

LOW BUDG€T

◎ *Phat Philly* **(142 B4)** (*m N11*) *(tgl. | 3388 24th Street | Muni 14 Mission)*: Warum bis nach Philadelphia reisen, wenn es in San Francisco eine Auswahl von 15 *Philly Cheesesteaks* gibt? Täglich mit frischem, nie gefrorenem Rindfleisch aus ökologischer Zucht zubereitet.

Eine der mehr als 30 heißen vietnamesischen Suppen im *Hai Ky Mi Gia* **(136 B5)** (*m O6*) *(Do–Di | 707 Ellis Street | Tel. 1415 7 71 25 77 | Muni 38 Geary)* der Familie Hua ist das Beste, was Ihnen an einem trüb-windigen Tag in der Stadt passieren kann.

Tanguito **(136 B4)** (*m O2*) *(Mo geschl. | 2850 Jones Street | Tel. 1415 5 77 42 23 | Muni F Market)*, ein argentinischer *food truck* mit festem Standplatz im Touristenmekka Fisherman's Wharf, bietet gute und günstige Grillspeisen.

RESTAURANTS €€

SPEZIALITÄTEN

baked potato – Gebackene Kartoffel, oft mit Kräutersauerrahm verfeinert
burrito – Bohnen, Reis, Hühnchen oder Fleisch in eine Tortilla gewickelt. Die Deluxe-Version wird mit Avocado, Sauerrahm und Käse kredenzt. Inzwischen gibt's sogar in New York *burritos San Francisco style* (Foto li.)
chowder – Cremige Suppe; insbesondere die *clam chowder* (Muschelsuppe) gehört zu den Spezialitäten der Stadt
crabs – Krebse, vor allem in Fisherman's Wharf und am Ghirardelli Square werden die köstlichen fangfrischen Taschenkrebse verkauft
crab cakes – Diese „Krebsküchlein" – ungefähr so groß wie eine Frikadelle – bestehen aus gehacktem Krebsfleisch, Zwiebeln, Chilis und Kräutern
dim sum – Teigtäschchen mit ganz unterschiedlichen Füllungen: von Krabben, Gemüse und Fleisch bis zu exotische Zutaten

eggs sunny side up with bacon and hash browns – Frühstücksklassiker: Spiegeleier mit durchwachsenem Speck und geraspelten Bratkartoffeln
hangtown fry – Das Gericht stammt aus der Zeit des Goldrauschs: üppiges Omelett mit Austern und Speck
pumpkin pie – Kürbiskuchen. Im Sommer und Herbst finden Sie in jedem Lebensmittelgeschäft riesige Kürbisse, grüne, gelbe, sogar wild gestreifte. Kein Wunder, dass der *pumpkin pie* zu den Lieblingsgerichten der San Franciscans gehört
roast turkey – Truthahn mit Kartoffelbrei und Süßkartoffeln: das klassische Menü zu Thanksgiving (Foto re.)
sourdough bread – Ein knuspriges, helles Sauerteigbrot. Isidore Boudin eröffnete 1849 seine Bäckerei. 150 Jahre später ist das *San Francisco sourdough bread* überall in den USA bekannt

mannskost? Dann kehren Sie in diesem ostdeutschen (!) Restaurant ein, denn hier warten die besten Spätzle und Schnitzel der Stadt. *Di–So | 381 S Van Ness Av. | Tel. 1415 5517181 | walzwerk.com | Muni 14 Mission*

YANK SING (137 E3) (*M R4*)
Nicht in Chinatown, sondern hier in Downtown erhalten Sie die besten *xiao long bao* der Stadt. *Tgl. | 101 Spear Street | Tel. 1415 7811111 | www.yanksing.com | Muni F Market*

ESSEN & TRINKEN

ZUNI CAFÉ ⭐ (141 F2) (*N7*)
In Judy Rodgers Café treffen sich Künstler, Politiker, echte und Möchtegern-VIPs. Die Gerichte wechseln täglich, die Weinauswahl ist hochwertig, die Atmosphäre geschäftig, aber gemütlich. *Di–So | 1658 Market Street | Tel. 1 415 5 52 25 22 | www.zunicafe.com | Muni F Market*

RESTAURANTS €

INSIDER TIPP ▶ BALADIE GOURMET CAFE (137 D4) (*P5*)
Mitten im Financial District bereiten Mike und Nick Bazlamit sensationell günstig-gigantische arabische Schawarma- und griechische Gyros-Sandwiches zu, gefüllt mit Hühner-, Lamm- und Rindfleisch, Hummus und Tsatsiki. Köstliche frische Salate. *So geschl. | 337 Kearny Street | Tel. 1 415 9 89 66 29 | Muni F Market*

CAFE CHAAT (137 D5) (*Q6*)
Die Portionen in diesem indisch-pakistanischen Restaurant sind so groß, dass einem Hören und Sehen vergeht. Ordern Sie davor rasch einen *chicken tikka masala wrap*. *Tgl. | 320 3rd Street | Tel. 1 415 9 79 99 46 | Muni 30 Stockton*

CONNECTICUT YANKEE (143 D2–3) (*Q9*)
Seit 1907 eine ultragemütliche Kneipe mit Biergarten – von zwei Fans der Boston Red Sox geführt. Mit Baseball-Goodies an den Wänden und Fernsehern, auf denen auch mal ein Spiel in voller Länge läuft. Kult: die gezuckerten *fries* mit *garlic sauce*. *Tgl. | 100 Connecticut Street | Tel. 1 415 5 52 44 40 | www.theyankee.com | Muni 10 Townsend*

DELANCEY STREET RESTAURANT 🌿 🌍 (137 E5) (*R6*)
Breites Spektrum gut zubereiteter amerikanischer Küche und Blick auf die Bucht. Das Lokal wird von der *Delancey Street Foundation* geführt, die damit ehemaligen Häftlingen den Start in ein neues Leben ermöglicht. *Di–So | 600 Embarcadero Street | Tel. 1 415 5 12 31 79 | www.delanceystreetfoundation.org | Muni N Judah*

Walzwerk – eine Hommage an die ostdeutsche Küche

INSIDER TIPP ▶ FISH-N-GARI (136 B3) (*N4*)
Wer nicht aufpasst, übersieht dieses Restaurant. Großer Fehler! Preiswert-guter Bento-Box-Lunch, exzellente Sushi-Kreationen, gute Sake-Auswahl. *Sa/So mittags geschl. | 1718 Polk Street | Tel. 1 415 8 14 38 89 | Muni 1 California*

INSIDER TIPP ▶ GRUBSTAKE (136 B4) (*N5*)
Only in San Francisco: In einem gut 90 Jahre alten Bahnwaggon serviert Fami-

RESTAURANTS €

lie Santos gute Burger, Steaks und portugiesische Spezialitäten. *Mo–Fr 17–4 Uhr | 1525 Pine Street | Tel. 1415 6 73 82 68 | www.sfgrubstake.com | Muni 19 Polk*

IN-N-OUT BURGER ★ ◎
(136 B1) (*m N2*)
Das kalifornische Familienunternehmen ist älter als McDonald's und errichtete seit 1948 301 Filialen. Sie erhalten hier nur Hamburger, *French fries* und Milchshakes, doch die werden allesamt vor Ort aus frischen Zutaten zubereitet – es gibt weder Gefrierschränke noch Mikrowellen. Man schmeckt's. *Tgl. bis 1 Uhr | 333 Jefferson Street | Muni F Market*

INSIDER TIPP ▸ KING LING
(136 B4) (*m O5*)
Ein sympathisch-entspanntes Ehepaar führt dieses Mini-Chinarestaurant in Downtown. Unschlagbares, wohlschmeckendes Mittagsspecial: *sweet & sour soup* und ein Hauptgericht für rund $7. Ausgezeichnet auch das *sesame chicken* und *crispy beef*. *So geschl. | 683 Geary Street | Tel. 1415 5 67 18 88 | Muni 38 Geary*

LERS ROS THAI (136 B5) (*m O6*)
In Sanskrit bedeutet *Lers* „exzellent" und *Ros* „Geschmack einer Speise". Chefkoch und Inhaber Tom Narupon gab seinem Restaurant den richtigen Namen – bessere thailändische Küche finden Sie in San Francisco derzeit wahrscheinlich nicht. Probieren Sie die *Tom-Kha-Kai*-Suppe. *Tgl. | 730 Larkin Street | Tel. 1415 9 31 69 17 | www.lersros.com | Muni 19 Polk*

MEL'S DRIVE-IN (135 E2) (*m L3*)
Wer in San Francisco einen „ehrlichen Burger" in klassischem Ambiente essen will, geht am besten zu Mel's Drive-in. Lindgrüne Ledersitze und einfache Tische mit viel Chrom vermitteln ein 1960er-Jahre-Gefühl. Von den vier Filialen ist vor allem die auf der Lombard Street besonders empfehlenswert. *Tgl. 6–1 Uhr, Sa/So 24 Std. | 2165 Lombard Street | Tel. 1415 9 21 30 39 | Muni 41 Union*

PANCHO VILLA (142 B2) (*m N9*)
Im mexikanischen Mission-Viertel findet man an jeder Ecke eine andere *taquería*. Was kann günstiger und zugleich sättigender sein als ein guter *burrito* mit Reis, Gemüse und Fleisch? Hier gibt es die besten und größten *burritos*, *quesadillas* und *tacos*. *Tgl. | 3071 16th Street | Tel. 1415 8 64 88 40 | Muni 14 Mission*

STREET-FOOD RUND UM DIE UHR

Mobile Köche versorgen die Stadt: Den Anfang machte *Tamale Lady,* die mit ihrer Kühlbox voller selbst gemachter Spezialitäten in den Bars des Mission District begeisterte. Es kamen Profi- und Amateurköche, das Internet und die Rezession dazu. Heute sind mehrere Dutzend *food carts* und *pop-up restaurants* unterwegs. Falls mobil, geben sie den aktuellen Standort per Twitter *(www.twitter.com)* oder Web bekannt. Zu den besten zählen *Ken Ken Ramen (@KenKenRamen,* japanisch*)*, *Liba Falafel (@libafalafel,* mediterran*)* und *Little Skillet (www.littleskilletsf.com,* southern food*)*. *Off the Grid (www.offthegridsf.com)* vereint in der ganzen Stadt bis zu über 30 *food trucks* an einer Stelle.

ESSEN & TRINKEN

Mel's Drive-in war Schauplatz des Filmklassikers „American Graffiti"

THE PLANT CAFÉ ORGANIC ★
(137 D3) *(ᗯ R3)*
Chefkoch Sascha Weiss verarbeitet in seiner Küche nur Biogemüse und -fleisch – man schmeckt's. Tolle Salate und Geflügelspeisen. *Tgl. | Pier 3 | Tel. 1415 9 84 19 73 | www.theplantcafe.com | Muni F Market*

INSIDER TIPP SAIGON SANDWICH
(136 B5) *(ᗯ O6)*
In Little Saigon schlägt das Herz der Vietnamesen. Dass es hier die besten *banh mi* (vietnamesische Sandwiches) der Stadt gibt, mag man bei einem Blick in den schummerigen Laden kaum glauben. Freundliche Damen servieren herrlich scharfe Speisen. Favorit: *pork meatball*. Keine Kreditkarten. *Tgl. | 560 Larkin Street | Tel. 1415 4 74 56 98 | Muni 19 Polk*

SALLY'S **(143 D2)** *(ᗯ Q9)*
Die ABC- und SMS-Omeletts des stets gut gelaunten Inhabers Stuart Bai sind ein Traum, und der *blueberry banana smoothie* strotzt vor Vitaminen. *Tgl. | 300 De Haro Street | Tel. 1415 6 26 60 06 | Muni 19 Polk*

TONY'S PIZZA NAPOLETANA
(136 C3) *(ᗯ P3)*
Amerikaner lieben Pizza. Und sie lieben Rekorde. Da trifft es sich gut, dass Tony Gemignani elffacher World Pizza Champion ist. Seine Pizza wurde 2014 zur besten der USA gekürt. Auch seine Pasta ist lecker. *Mi–Mo | 1570 Stockton Street | Tel. 1415 8 35 98 98 | tonyspizzanapoletana.com | Muni 45 Union/Stockton*

INSIDER TIPP TÚ LAN **(136 C5)** *(ᗯ P6)*
Schnell und schmackhaft geht es in diesem vietnamesischen Restaurant zur Sache. Unbedingt *vermicelli* mit einer *imperial roll* und gegrilltem Schweinefleisch wählen. *Mo–Sa | 8 6th Street | Tel. 1415 6 26 09 27 | tulan-vn-restaurant.com | Muni F Market*

EINKAUFEN

San Francisco ist eher eine Stadt der kleinen und großen Geschäfte als eine Stadt der Kaufhäuser, obwohl es etliche luxuriöse Warenhäuser gibt: Viele Designer aus Mailand und Paris haben Filialen in der Stadt.

Andererseits sind die Prêt-à-porter-Moden Europas stilprägend. Deshalb lässt sich viel Elegantes und Schickes auch von US-Designern finden. Während sich Edelmarken aus dem In- und Ausland um den Union Square gruppieren, finden Sie Souvenirs und T-Shirts in Chinatown am billigsten.

Shopping ist Lebensart für die Amerikaner und damit mehr als bloßes Einkaufen. Das gilt in ganz besonderem Maße für die San Franciscans. Vielleicht kennen Sie jene gelangweilte Miene, mit der man in vielen europäischen Läden beim Einkauf bedacht wird. Oder die Art, wie Lebensmittel an der Kasse lieblos übers Fließband purzeln. Nichts von all dieser Unhöflichkeit und diesem Desinteresse gibt es in San Francisco. Denn dort wird ein Kunde als das behandelt, was er eigentlich auch sein sollte: als König – und nicht nur an den Kassen der Lebensmittelgeschäfte packt man die Ware gleich in Tüten für Sie ein.

Vergessen Sie bei aller Shoppingfreude die Mehrwertsteuer nicht (z. Zt. 8,75 Prozent), die stets zum ausgezeichneten Preis hinzukommt. Und fragen Sie vorsichtshalber nach, ob das Elektrospielzeug auch in Deutschland funktioniert. Die allermeisten Geschäfte sind täglich geöffnet, manche *drugstores* und Super-

Bild: Westfield Centre

Elegant oder ausgefallen? Auf der Suche nach den Modetrends von gestern, heute oder morgen? Hier werden Sie fündig!

WOHIN ZUERST?

Das **Westfield Centre** an der Market Street **(136 C5)** *(📖 P6)* ist das Shoppingmekka schlechthin; mit über 170 Läden, Cafés, Restaurants und Multiplex-Kino. Fast alle Muni-Straßenbahnen, Bart-Schnellbahnen des Stadtgebiets, zahlreiche Busse und die Cable Cars Powell/Hyde und Powell/Mason halten wenige Meter entfernt.

märkte sogar 24 Stunden am Tag. In den großen *department stores,* mittelgroßen und kleinen Boutiquen können Sie meist von 10 bis 20 Uhr einkaufen.

ANTIQUITÄTEN

ARIA ANTIQUES (136 C2) *(📖 P3)*
In Bill Haskells Mischung aus Galerie und Museum finden Sie Glasaugen, anatomische Modelle, Holzspielzeug, alte Landkarten, Globen, Briefe und Radierungen.
1522 Grant Av. | Muni 30 Stockton

BÜCHER & MAGAZINE

SCHEIN & SCHEIN (136 C2) *(P3)*
Antike Karten und Drucke aus aller Welt verheißen Kunden aufregende Abenteuer. *1435 Grant Av. | Muni 41 Union*

INSIDER TIPP GREEN APPLE BOOKS
(134 B5) *(G6)*
Eine riesige Auswahl neuer und gebrauchter Bücher. Das entspannte Am-

City Lights Bookstore: zugleich Buchhandlung und weltbekannter Literatentreff

BÜCHER & MAGAZINE

CHRONICLE BOOKS (137 D5) *(P6)*
Chronicle Books verlegt tolle Bücher zu vielen Themen, die sich auch gut verschenken lassen. *165 4th Street | Muni F Market*

CITY LIGHTS BOOKSTORE ★
(136 C3) *(P4)*
Die Buchhandlung des Autors und unabhängigen Verlegers Lawrence Ferlinghetti ist legendär. Eine einzigartige Auswahl an klassischen und philosophischen Werken, Poesie und englischsprachigen Ausgaben Dritter-Welt-Literatur – Ferlinghetti liest hier auch mit über 95 Jahren noch Gedichte vor. *261 Columbus Av. | www.citylights.com | Muni 30 Stockton*

biente lädt zum stundenlangen Stöbern ein. *506 Clement Street | Muni 1 California*

INSIDER TIPP THE MAGAZINE
(136 B4) *(O5)*
Seit rund 40 Jahren der Ort schlechthin für historische und neuere Magazine – riesige Auswahl! *920 Larkin Street | Muni 38 Geary*

BÜROBEDARF

PATRICK & COMPANY (137 D4) *(O7)*
Einer der wenigen unabhängigen Bürobedarfhändler – und das seit 1873! Von der Heftzwecke über den Designerstuhl bis zur Edelfeder bleibt kein Wunsch offen. *560 Market Street | Muni F Market*

EINKAUFEN

COMPUTER

APPLE STORE (135 E2) (*m L3*)
Warum zum überlaufenen Apple Store am Union Square, wenn es hier in viel schönerer Umgebung viel entspannter zugeht? Eben. *2125 Chestnut Street | Muni 41 Union*

CENTRAL COMPUTERS (136 C5) (*m P6*)
PCs, Tablets, Kabel. Im leicht nach Lötzinn riechenden Shop bekommen Sie selbstverständlich auch günstige Speicherkarten für die Digitalkamera. *837 Howard Street | Muni 30 Stockton*

DRUGSTORE

WALGREENS ★ (136 C4) (*m P5*)
Der Mitte 2013 eröffnete Flagship-Store ist der schönste der 68 Walgreens-Drogeriemärkte der Stadt. Auf drei Etagen: frische Lebensmittel, Kosmetika, Medikamente. *135 Powell Street | Muni F Market*

GESCHENKE & SOUVENIRS

CHINATOWN KITE SHOP (136 C3) (*m P4*)
Was gibt es Schöneres, als am Ocean Beach oder auf dem Crissy Field einen Drachen steigen zu lassen? Die beste Auswahl konventioneller und asiatischer Drachen bekommen Sie hier. *717 Grant Street | Muni 1 California*

INSIDER TIPP CRAZY SHIRTS (136 B1) (*m N2*)
Sicher, Sie bekommen hier für $ 10 nicht gleich mehrere T-Shirts, doch die im Crazy Shirts erhältlichen Kleidungsstücke und Mitbringsel sind hochwertiger als alles, was Sie in den meisten Läden in Chinatown finden. *333 Jefferson Street | Muni F Market*

GESUNDHEIT & KOSMETIK

BOBBI BROWN COSMETICS AT BLOOMINGDALE'S (136 C5) (*m P6*)
Statt auf den künstlichen Look vieler Make-ups setzt die New Yorkerin Bobbi Brown auf natürliches Aussehen. Der Erfolg der noch heute von ihr streng kontrollierten Kosmetikserie gibt ihr recht. Unaufdringliche Verkäuferinnen. *845 Market Street | Muni F Market*

RAINBOW GROCERY ❂ (142 B1) (*m O8*)
Hier bekommen Sie nur Bioprodukte und -kosmetika. Wer nach gesunden Produk-

MARCO POLO HIGHLIGHTS

★ **City Lights Bookstore**
Die Kombination aus Buchladen und Verlag veröffentlichte 1956 Allen Ginsbergs Gedicht „Howl" → S. 74

★ **Walgreens**
Amerikanischer *drugstore* mit guten Preisen → S. 75

★ **Neiman-Marcus**
Schwelgen im Luxus der Warenwelt → S. 76

★ **Pier 39**
Quirlige Hafenecke, Shopping, Restaurants und Seelöwen inklusive → S. 77

★ **Westfield Centre**
Das Einkaufszentrum: Mode und Essen in allen Preislagen → S. 78

★ **Levi's Store**
Der Stammsitz der Levi's Jeans → S. 79

KAUFHÄUSER

ten sucht, findet in diesem Geschäft einfach alles. *1745 Folsom Street | Muni 9 San Bruno*

WHOLE FOODS ☻ (136 A4) (*N5*)
Glutenfreie, nicht genmanipulierte Lebensmittel und umweltverträgliche Körperpflegemittel – Whole Foods setzt auf eine nachhaltige Produktpalette. *1765 California Street | Muni 1 California*

LOW BUDGET

Wer sich dem Chaos von *Ross Dress for Less* **(136 C5)** (*P5*) *(799 Market Street | Muni F Market)* erfolgreich stellt, wird mit echten Tiefpreisschnäppchen belohnt – das Geschäft bietet Marken wie Calvin Klein, Polo und Hilfiger zu Dumpingpreisen.

Bei *DSW Shoe Warehouse* **(136 C4)** (*P5*) *(400 Post Street | Cable Car Powell/Hyde)* gibt's Designerschuhe zu kleinen Preisen – sowohl für Männer als auch Frauen. Die Modellvielfalt gleicht die manchmal eingeschränkte Größenauswahl aus.

Eine coole Kette für Secondhand-Kleidung ist *Out of the Closet* **(136 B4)** (*N5*) *(1498 Polk Street | Cable Car California)*. Das Unternehmen wird von der Aids Healthcare Foundation betrieben.

Aldi kennen Sie? Dann Vorhang auf für die etwas aufgeräumtere Variante *Trader Joe's* **(136 B2)** (*O2*) *(401 Bay Street | Muni F Market)*, ebenfalls in Besitz der Albrecht-Familie aus Essen.

KAUFHÄUSER

CANTON BAZAAR (136 C3–4) (*P4*)
Drei Etagen voller Kitsch, Praktischem, Souvenirs und echter orientalischer Kunst im Herzen von Chinatown. *616 Grant Av. | Muni 1 California*

MACY'S (136 C4) (*P5*)
Die hiesige Filiale des berühmten New Yorker Warenhauses, ein siebenstöckiger Inbegriff des Konsumrauschs. Jede Marke besitzt hier einen eigenen Shop. Und falls es sprachlich bei den Fragen nach den neuesten Mode-Raffinessen hapert: Bei Macy's gibt's sogar einen Dolmetscherservice! *170 O'Farrell Street | Muni 30 Stockton*

NEIMAN-MARCUS ★ (136 C4) (*P5*)
Das elegante Warenhaus lohnt auch den Besuch ohne Einkauf. Die Rotunde und die glasüberdachte Galerie waren schon vor 100 Jahren der Blickfang des Vorgängergeschäfts *City of Paris*. Nicht billig, aber der unbestritten beste Service der ganzen Stadt – in allen Abteilungen. *150 Stockton Street | Muni 30 Stockton*

TARGET (137 D5) (*P6*)
Die Kaufhauskette findet man meist in großen Einkaufszentren auf der grünen Wiese. Nach zähem Ringen eröffnete dieser kleinere City-Target im *Metreon* – die San Franciscans freut's. Sauber sortiert: Bekleidung, Bücher, Campingbedarf, CDs, DVDs, Lebensmittel, Medikamente, Schuhe, Spielzeug und und und. Hier kann man Stunden verbringen. *789 Mission Street | Muni 30 Stockton*

MALLS

In diesen Malls, oft mit Kinos und Restaurants, gibt es meist ein bis zwei Kaufhäuser sowie unendlich viele Boutiquen.

EINKAUFEN

CROCKER GALLERIA (136 C4) *(Q5)*
Für Shopper mit dem gut gefüllten Portemonnaie. Vorbild ist die Mailänder Galleria Vittorio Emanuele. *50 Post Street | nahe Union Square | Muni F Market*

EMBARCADERO CENTER
(137 D3) *(Q4)*
Im Herzen von Downtown mit Kino, über 70 Restaurants und Geschäften sowie Eislaufbahn im Winter. *1 Drumm Street | Muni 1 California*

GHIRARDELLI SQUARE
(136 A1) *(N2)*
Auch die ehemalige Schokoladenfabrik der Familie Ghirardelli ist zu einer Open-Air-Mall mit viel Entertainment gewachsen. *900 N Point Street | Muni 19 Polk*

JAPAN CENTER (136 A4) *(M5–6)*
Besondere Note: Das Japan Center hält, was der Name verspricht – hier ist alles japanisch, auch das Hotel und das Shiatsu-Massagezentrum. *Buchanan Street/Ecke Post Street | Muni 38 Geary*

INSIDER TIPP ▶ NEW PEOPLE
(135 E4) *(M5)*
Die Attraktion in Japantown ist ein auffällig sauberes, vierstöckiges Einkaufszentrum mit Café, Anime-Kino, Kunstgalerie und Shops. Der größte zelebriert hemmungslos mit Musik, Büchern, DVDs und Spielzeug die japanische Pop-Kultur, andere offerieren Schuhe, Gothic-, Lolita- und liebenswerte *Kawaii*-Kleidung. *1746 Post Street | Muni 2 Clement*

PIER 39 ★ (136 C1) *(O–P1)*
Fischer meiden das touristische Epizentrum des Hafens von San Francisco eher. Jedoch nicht die Besucher, die wilde Seelöwen, ein Aquarium, ein Karussell, unzählige Boutiquen und Livemusik mögen. Neben den üblichen Kitschläden gibt es hier zahlreiche Restaurants und Cafés. *2 Beach Street | Muni F Market*

Der begrünte Union Square, das Herz der Stadt, ist umringt von Geschäften und Hotels

MÄRKTE

Ob Salate, Obst oder Gemüse: alles frisch auf dem Ferry Plaza Farmer's Market

WESTFIELD CENTRE ★ ●
(136 C5) (*P6*)
Über 170 kleine und große Geschäfte, Restaurants sowie Kinos blasen hier zum Großangriff auf die Kreditkarte. Eine Glaskuppel und Spiralrolltreppen schmücken den Kommerztempel, in dem Sie von Mode und Kosmetika über Bücher und Technik bis hin zu Lebensmittel wirklich alles finden. Hier sollte keiner ihrer Wünsche offen bleiben. *865 Market Street | Muni F Market*

MÄRKTE

INSIDER TIPP FERRY PLAZA FARMER'S MARKET ● ● (137 E3) (*R4*)
Hier gibt es all die regionalen Produkte, die Kaliforniens Küche so großartig machen. Die Köche der besten Restaurants kaufen hier ein, und viele unterhalten Imbissstände, an denen Sie sich schon mal auf die in den Restaurants gebotenen Hochgenüsse einstimmen können. *Sa 8–14, Di/Do 10–14 Uhr, saisonal auch zu anderen Zeiten | One Ferry Building | Muni F Market*

HEART OF THE CITY FARMER'S MARKET ● (136 B5) (*O6*)
Nicht so malerisch gelegen wie der *farmer's market* am Ferry Building, dafür deutlich günstigere Obst- und Gemüsepreise bei großer Auswahl regionaler Produkte. *Mi 7–17.30, So 8–17 Uhr | Union Nations Plaza | Muni F Market*

MODE & ACCESSOIRES

AMERICAN EAGLE OUTFITTER
(136 C5) (*P6*)
Los ging's 1977 in Michigan als Fachgeschäft für Outdoorkleidung. Heute bieten über 1000 Läden in Nordamerika und China modische Jeans, T-Shirts, Jacken, Schuhe und vieles mehr zu erschwinglichen Preisen. *865 Market Street | Muni F Market*

BANANA REPUBLIC (136 C4) (*P5*)
Mode, die locker casual und dennoch bürotauglich ist. Hier finden Sie alles, was man braucht, sei es aus italienischem Leinen, zarter Seide oder Jeansstoff. *256 Grant Av. | Muni 30 Stockton*

EINKAUFEN

GAP (136 C5) (*M P6*)
Noch ein Original aus San Francisco: Don Fisher konnte keine Jeans finden, die ihm passten – also eröffnete er mit seiner Frau Doris 1969 seinen eigenen Laden namens Gap: entspannte Mode für alle Altersgruppen. *890 Market Street | Muni F Market*

LEVI'S STORE ⭐ (136 B5) (*M O6*)
Seit Ende 2013 residiert Levi's an der Market Street – etwas kleiner als bisher, doch noch immer prall gefüllt mit Jeans, erfunden vom Bayern Löb Strauß, der sie in seiner Firma Levi Strauss & Co. 1853 zum ersten Mal für Goldgräber in San Francisco herstellte. *815 Market Street | Muni F Market*

REI ♻ (137 D6) (*M P8*)
Ein Dorado für Wanderer, Kletterer, Skiläufer, Radfahrer und Camper. 23 Bergsteiger gründeten 1938 den ersten REI, heute ist die Kooperative (im Besitz von Angestellten und Kunden) über 80 Läden stark und ermahnt zum bewussten Umgang mit der Natur. *840 Brannan Street | Muni 27 Bryant*

INSIDER TIPP ▶ TIMBUK2 (136 A6) (*M N7*)
Teuer, aber gut: Seit 1989 sind Kuriere und Hipster aus San Francisco und der ganzen Welt mit den Taschen von Timbuk2 unterwegs. *506 Hayes Street | Muni 21 Hayes*

MUSIK

AMOEBA MUSIC (140 C2) (*M J8*)
Zweiter Ableger des 1990 in Berkeley gegründeten Plattenladens, untergebracht in einem ehemaligen Bowlingcenter: neue und gebrauchte CDs, DVDs, Laserdisks und Vinylplatten in unglaublichen Massen, dazu kostenlose Konzerte lokaler Shootingstars von morgen. *1855 Haight Street | Muni 6 Parnassus, 71 Haight/Noriega*

INSIDER TIPP ▶ GROOVE MERCHANT RECORDS (141 E1) (*M L7*)
Eine Fundgrube: Hier finden Sie seltene Jazz-, Disko-, Soul-, Reggae-, Hip-Hop- und Latin-Scheiben, die es nirgendwo sonst gibt. Die Beastie Boys verewigten den Laden im Song „Professor Booty". *687 Haight Street | Muni 6 Parnassus, 71 Haight/Noriega*

GUITAR CENTER (135 B4) (*M N5*)
Ein riesiger Laden mit nahezu allen elektrisch oder elektronisch verstärkten Instrumenten. *1645 Van Ness Av. | Muni 1 California*

SPIELE & SPIELZEUG

GAMESCAPE (141 E1) (*M L8*)
Mehr (Brett-)Spiele, als die Polizei erlaubt. Tägliche Sessions von Table-Top-Titeln wie *Warhammer* und *Magic: The Gathering*. *333 Divisadero | Muni 21 Hayes*

JEFFREY'S TOYS (137 D4) (*M Q5*)
Die großen Ketten sind verschwunden, dieser privat geführte Laden jedoch lebt weiter: Brettspiele, Handpuppen, Bausätze und Lego-Kästen – ein prächtiges Sortiment. *685 Market Street | Muni F Market*

WEIN

NAPA VALLEY WINERY EXCHANGE (136 C4) (*M O5*)
Wenn Sie es nicht nach Napa Valley schaffen: große Auswahl kalifornischer Weine und Champagner. Auch seltene und ungewöhnliche Tropfen. Sie werden hier in tragbaren *airline packs* verstaut. *415 Taylor Street | Muni 38 Geary*

AM ABEND

🏙 WOHIN ZUERST?

Einen Strand suchen Sie im Stadtviertel **North Beach (136–137 C–D 1–2)** (🗺 *O–P 2–3*) zwar vergeblich, doch zwischen Down- und Chinatown brodelt das Nachtleben: Aus Bars erschallt Livemusik, italienische Restaurantbesitzer preisen lautstark ihre Lokale an, und Kunstfans flanieren mit dem Weinglas in der Hand durch Galerien. Der Muni-Bus *(30 Stockton)* bringt Sie mitten ins Geschehen – das Auto lassen Sie nicht nur wegen etwaiger alkoholischer Getränke stehen: Die Parkplatzsuche ist hier ein aussichtsloses Unterfangen.

Wenn es zwei Städte in Nordamerika gibt, in denen das Nachtleben zur *raison d'être* gehört, dann New York und San Francisco. Die Stadt an der Bay ist um vieles kleiner als *The Big Apple*, bietet aber gleichwohl ein fast genauso breites Programm. Oper, Disko oder Nachtclub – nichts fehlt, alles ist Weltspitze.

Eine aktuelle Übersicht bieten die kostenlosen, in Cafés und Zeitungsautomaten erhältlichen Infoblätter *San Francisco Weekly* und *San Francisco Bay Guardian*, sowie die Websites *www.sfgate.com* und *www.sfstation.com*.

In vielen Bars, Clubs und Restaurants wird auf die Kleidung geachtet – packen Sie deshalb ein gutes Hemd, eventuell ein Jackett und dunkle Schuhe mit in den Koffer.

Bild: Vesuvio Cafe

Heiße Clubs, coole Bars und Outdoor-Drinks: San Francisco bietet Abwechslung für jeden Geschmack

BARS & LOUNGES

ABSINTHE (136 B6) (*N7*)
Orchestermusiker, Sinfoniegäste und Bonvivants lassen sich bei gutem Essen Carlos Yturrias Absinth-Cocktails schmecken – auch in den USA inzwischen wieder legal. *Tgl. | 398 Hayes Street | Muni 21 Fulton*

THE ALEMBIC (140 C2) (*J8*)
Hier sind mehr Cocktails und Whiskysorten im Angebot, als Sie an einem Abend probieren können. Versuchen Sie doch mal eine *Gilded Lily. Tgl. | 1725 Haight Street | Muni 71 Haight/Noriega*

BEACH CHALET & PARK CHALET ●
(138 A2) (*A8*)
Genug von der steifen Brise am Ocean Beach? Zeit für Happy Hour und Livemusik im Beach Chalet oder einen Drink auf den windgeschützten Liegestühlen des Park Chalet am Westrand des Golden Gate Park. *Tgl. | 1000 Great Highway | www.beachchalet.com | Muni 5 Fulton*

BARS & LOUNGES

INSIDER TIPP BIG 4 RESTAURANT
(136 C4) (*O5*)

Passieren Sie einmal die dunklen Holzschwingtüren, fühlen Sie sich 100 Jahre in der Zeit zurückversetzt: gediegene entspannen sich nicht nur „Dotcommer" bei Cocktails, Bier und Livemusik von lokalen Bands – meist guter Rock. *Tgl. | 500 4th Street | www.hotelutah.com | Muni 30 Stockton*

Das 360-Grad-Panorama im 19. Stock toppt jeden Drink: Top of The Mark

Klaviermusik, dunkel getäfelte Wände, aufmerksame Barkeeper und ein Schild, das anzeigt, dass Mobiltelefone verboten sind – herrlich! *Tgl. | 1075 California Street | Cable Car California*

FLY BAR (136 B4) (*O5*)
In San Franciscos zweiter Fly Bar ist zwischen 12 und 18.30 Uhr Happy Hour – mit günstig-guter Pizza und vielen Bieren vom Fass, darunter Anchor California Lager und Hefeweizen von Paulaner. *Tgl. | 1085 Sutter Street | Muni 38 Geary*

HOTEL UTAH SALOON (137 D5) (*Q7*)
„The Utah", wie es Einheimische nennen, liegt im Multimediaviertel SoMa. Hier

JONES (136 C4) (*O5*)
An den eher seltenen warmen Tagen in der Stadt ist die Dachterrassenbar ein Hit. Sehen Sie zu, wie die Sonne hinter den Häusern abtaucht. *Mo geschl. | 620 Jones Street | Muni 38 Geary*

ORBIT ROOM (136 B6) (*M8*)
Marmortische, Motorroller und ein Schaufenster für Aus- und Einblicke – das gibt *California feeling* pur. *Tgl. | 1900 Market Street | Muni F Market*

REDWOOD ROOM (136 C4) (*O5*)
Wer die strengen Türsteher passiert, findet sich schon mal neben dem Sänger und dem Gitarristen von Coldplay wie-

AM ABEND

der. Atemberaubendes Ambiente, hübsche Bedienung, leckere Martinis. *Tgl. | 495 Geary Street | Muni 38 Geary*

ROGUE ALES PUBLIC HOUSE
(136 C2) (*m P3*)

Hungrig und durstig vom Herumlaufen in der Stadt? Hier warten über 40 Biere vom Fass, zahlreiche Flaschenbiere und Burger, Salate und Sandwiches auf Touristen und Einheimische gleichermaßen. *Tgl. | 673 Union Street | Muni 30 Stockton*

SPECS (136 C3) (*m P3*)

Geheimtipp in North Beach: Inmitten von Seefahrtsrelikten genehmigen sich nicht nur Stammkunden starke Getränke. *Tgl. | 12 William Saroyan Place | Muni 30 Stockton*

TOMMY'S MEXICAN RESTAURANT ★
(133 D5) (*m E6*)

„Mixology", das österreichische Magazin für Barkultur, preist Tommy's als weltweit beste Tequila-Bar. Dazu gibt's ausgezeichnetes mexikanisches Essen – der Weg in den Westen der Stadt lohnt sich! *Mi–Mo | 5929 Geary Blvd. | www.tommystequila.com | Muni 38 Geary*

TOP OF THE MARK ✣
(136 C4) (*m P4*)

Die Nostalgielounge nicht nur für ältere Einheimische und Besucher – mit Panoramafenstern auf allen Seiten. *Tgl. | 1 Nob Hill | Cable Car California*

VESUVIO CAFÉ (136 C3) (*m P4*)

In dieser legendären Café-Bar können Sie in der ebenso berühmten wie echten Atmosphäre der 1950er-Jahre in der Erinnerung an Jack Kerouac und die Beatniks schwelgen. Örtliche Künstler und Musiker stellen hier ihre Werke vor. *Tgl. | 255 Columbus Av. | www.vesuvio.com | Muni 12 Folsom/Pacific*

INSIDER TIPP ▶ WAYFARE TAVERN
(137 D3) (*m Q4*)

Adam Richey ist einer der besten Barkeeper der Stadt. In der Weihnachtszeit unbedingt seinen *hot buttered rum* probieren. *Tgl. | 558 Sacramento Street | Muni 1 California*

COMEDY CLUBS

BEACH BLANKET BABYLON ★
(136 C2) (*m P3*)

Hier ist es immer voll – die schräge Musicalrevue läuft seit 1974. Der Akzent liegt

---

MARCO POLO HIGHLIGHTS

★ **Tommy's Mexican Restaurant**
Genießt den Ruf der besten Tequila-Bar der Welt → S. 83

★ **Beach Blanket Babylon**
Diese beliebte Comedy-Institution besuchten schon Prinz Charles und Camilla → S. 83

★ **Café du Nord**
Ein steter Strom neuer Bands spielt im kultigen Kellerclub mit langer Geschichte → S. 84

★ **Mr. Smith's**
Der Club bietet gleichzeitig Coolness und Wohnzimmeratmosphäre → S. 35

★ **Yoshi's**
Weltstars und lokale Größen, dazu beste japanische Küche → S. 85

★ **Castro Theatre**
Großartiger Filmpalast mit Orchester und Orgel für Stummfilme → S. 86

DISKOS & NACHTCLUBS

auf Slapstick, die Komiker tragen gigantische Perücken und verrückte Kostüme. Online reservieren! *Mi–So | $ 25–130 | 678 Green Street | Tel. 1415 42142 22 | www.beachblanketbabylon.com | Muni 30 Stockton*

COBB'S COMEDY CLUB
(136 B2) (*M* O3)
In North Beach geben Komiker ihre Monologe zum Besten – sowohl lokale als auch national bekannte Künstler treten hier auf. *Do–So | ab $ 20 plus zwei Getränke | 915 Columbus Av. | Tel. 1415 9 28 43 40 | www.cobbscomedy.com | Muni 30 Stockton*

DISKOS & NACHTCLUBS

BIMBO'S 365 CLUB **(136 C2) (*M* O2)**
Seit 1931 ist Bimbo's eine bekannte Größe in der Clubszene. Funk, Jazz und Electronica: Hier spielen die besten Musiker aus der Bay Area. Karten vorbestellen! *Wechselnde Zeiten und Preise | 1025 Columbus Av. | Tel. 1415 4 74 03 65 | www.bimbos365club.com | Muni 30 Stockton*

BOOM BOOM ROOM **(135 E5) (*M* M6)**
Blueslegende John Lee Hooker erfüllte sich einen Traum und eröffnete mit über 80 Jahren seinen eigenen Club, der auch lange nach seinem Tod schwer angesagt ist. Jeden Tag Livemusik – nicht nur für Bluesfans ein Muss. *Tgl. | 1601 Fillmore Street | Tel. 1415 6 73 80 00 | www.boomboomblues.com | Muni 38 Geary*

CAFÉ DU NORD ★ **(141 E2) (*M* M9)**
Im 1907 eingeweihten Nachtclub gab's während der Prohibition illegalen Alkoholausschank – davon kündet die 13 m lange Mahagonibar. Alternative, Folk- und Rockmusik. *Tgl. | geringer Eintritt | 2170 Market Street | Tel. 1415 8 61 50 16 | www.cafedunord.com | Muni F Market*

CIGAR BAR & GRILL **(137 D3) (*M* P4)**
Tanzfläche direkt vor wechselnden Latin-Bands und Billard unter freiem Himmel – hier geht die Post ab. Rauchen ausdrücklich erlaubt. *Mo–Sa | 850 Montgomery Street | Tel. 1415 3 98 08 50 | www.cigarbarandgrill.com | Muni 12 Folsom/Pacific*

DNA LOUNGE **(142 C1) (*M* O8)**
Der ehemalige Netscape-Programmierer Jamie Zawinski ist heute Nachtclubchef. *DNA Pizza* gleich nebenan, buntschickes Publikum, zu Themennächten kommen die schrägsten Typen der Stadt.

ENTSPANNEN & GENIESSEN

Sind Sie den Tag über genug gelaufen? Kein Problem: Die ausgebildeten Experten von ● *La Biang Thai* **(136 B4) (*M* N5)** *(tgl. | 1301 Polk Street | Tel. 1415 9 31 76 92 | Muni 19 Pork)* freuen sich auf müde Muskeln und bringen Körper wie Geist in Schwung, während ● *Earthbody* **(141 F1) (*M* M7)** *(tgl. | 534 Laguna Street | Tel. 1415 5 52 72 00 | Muni 21 Hayes) heated neck therapy* und *hot stone foot healing* anbietet. Und das ☼ *Nob Hill Spa* **(136 C4) (*M* O5)** *(1075 California Street | Tel. 1415 4 74 54 00 | www.nobhillspa.com | Cable Car California)* im *The Scarlet* punktet mit Pool und traumhaftem Bademantelausblick von der Dachterrasse.

AM ABEND

Ob am Tresen oder auf der Tanzfläche von Mr. Smith's: immer voll, immer gute Stimmung

Tgl. | 375 11th Street | Tel. 1 415 6 26 14 09 | www.dnalounge.com | Muni 9 San Bruno

GREAT AMERICAN MUSIC HALL (136 B5) (∅ N6)
Seit 1907 ein erstklassiger Ort für Livemusik in San Francisco. Top-Acts und Top-Soundsystem in historischem Ambiente. *Mo–Fr | 859 O'Farrell Street | Tel. 415 8 85 07 50 | www.gamh.com | Muni 19 Polk*

HENRY DENTON'S STARLIGHT ROOM ☼ (136 C4) (∅ P5)
Im 21. Stock des Sir Francis Drake Hotels trifft sich eine illustre Schar jeden Alters, um Aussicht, Musik und Drinks zu genießen. Sonntags Brunch mit Drag-Queen-Show. *Di–So | 450 Powell Street | Tel. 1 415 3 95 85 95 | www.harrydenton.com | Muni 38 Geary F Market*

THE INDEPENDENT (135 E6) (∅ L7)
Seit über 30 Jahren eine Institution in Sachen Musik. Hier treten lokale und internationale Aufsteiger und Top-Acts wie DJ Shadow, Erasure und Henry Rollins auf. Gutes Soundsystem, fähige Barkeeper und entspannte Türsteher. *Wechselnde Zeiten und Preise | 628 Divisadero Street | Tel. 1 415 7 71 14 21 | www.theindependentsf.com | Muni 21 Hayes*

KNOCKOUT (142 B5) (∅ N12)
Dive Bar mit wilder Tanzfläche und musikalischen Themenabenden wie Funk, Soul und Oldies. *Tgl. | 3223 Mission Street | Tel. 1 415 5 50 69 94 | theknockoutsf.com | Muni 49 Mission/Van Ness*

MR. SMITH'S ★ (136 C5) (∅ O7)
Ein wahres Kleinod: entspannte Bar, coole Lounge und Tanzfläche auf drei Etagen – dazu freundliche Türsteher, fähige Barkeeper und gute DJs *Di–Sa | $ 10 ab 22 Uhr | 34 7th Street | Tel. 1 415 3 55 99 91 | www.mrsmithssf.com | Muni F Market*

YOSHI'S ★ (135 E5) (∅ M6)
San Franciscos erste Jazzadresse wagt seit einigen Jahren auch Ausflüge in an-

KINOS

dere Genres. Stars wie Marcus Miller, Leo Kottke sowie Abdullah Ibrahim wechseln sich mit aufstrebenden Musikern ab. Erstklassig ist auch die japanische Küche. Probieren! *Mo geschl. | 1330 Fillmore Street | Tel. 1 415 6 55 56 00 | www.yoshis.com | Muni 22 Fillmore*

KINOS

BALBOA THEATRE (138 C1) (*C7*)

Erbaut im Jahr 1926 trotzt dieses Kino hartnäckig allen Multiplex-Palästen. Klassiker und aktuelle Filme, günstiger gespielter Orgelmusik begleitet. *429 Castro Street | Tel. 1 415 6 216120 | www.castrotheatre.com | Muni F Market*

KLASSIK & BALLETT

POCKET OPERA

Von März bis Juli gibt diese „Oper im Taschenformat" informelle Aufführungen ohne große Kostüme an wechselnden Orten wie dem *Waterfront Theater*, am Ghirardelli Square oder dem *Florence Gould Theater*. *469 Bryant Street | Tel. 1 415 9 72 89 34 | www.pocketopera.org*

Wo Kino zu einem großartig-nostalgischen Erlebnis wird: Castro Theatre

Eintritt – am Geburtstag gratis! *Tgl. | 3630 Balboa Street | www.balboamovies.com | Muni 31 Balboa*

CASTRO THEATRE ⭐ (141 E3) (*L9*)

In diesem herrlichen Filmpalast mit 1500 Sitzen, einer zeltähnlichen Kuppel samt Trompe-l'œil-Malerei sind vor allem Kinoklassiker zu sehen. Stummfilme werden manchmal vom Kinoorchester oder live

SAN FRANCISCO OPERA (136 B5) (*N7*)

Die Saison beginnt im September und dauert nur 14 Wochen, daher ist das Haus mit Weltniveau meist ausgebucht. Januar bis Mai folgt die ebenfalls frühzeitig zu buchende Ballettsaison. *War Memorial Opera House | 301 Van Ness Av. | Tel. 1 415 8 6140 08 | www.sfopera.com | Muni 21 Hayes*

AM ABEND

SAN FRANCISCO SYMPHONY ●
(136 B6) (*M N7*)
Das vielfach gekrönte Sinfonieorchester wird seit 1995 von Michael Tilson Thomas dirigent, zu dessen Markenzeichen amerikanische Komponisten, aber auch Werke von Mahler und Strawinsky gehören. Beliebt sind auch die günstigen offenen Proben am Vor- und die Konzerte am Nachmittag. *Davis Symphony Hall | 201 Van Ness Av. | Tel. 1 415 8 64 60 00 | www.sfsymphony.org | Muni 21 Hayes*

MUSICALS & JAZZKONZERTE

CURRAN THEATRE (136 C4) (*M O5*)
Hier sehen Sie Komödien und Musicals vom New Yorker Broadway. *445 Geary Street | Tel. 1 415 5 51 20 00 | www.shnsf.com | Muni 38 Geary*

GOLDEN GATE THEATRE
(136 C5) (*M O6*)
Die großen Musicals („Phantom of the Opera", „Chicago", „Hair"), aufgeführt in einem grandiosen Haus aus dem Jahr 1922. *1 Taylor Street | Tel. 1 415 5 51 20 00 | www.shnsf.com | Muni F Market*

INSIDER TIPP SFJAZZ CENTER
(136 B6) (*M N7*)
Zum 30. Geburtstag bekam das renommierte Musikfestival endlich ein eigenes Hauptquartier geschenkt: Mark Cavagnero entwarf das erste speziell für Jazzmusik konzipierte Kulturzentrum der USA. Seit 2013 finden hier Top-Konzerte und -Vorträge statt. *201 Franklin Street | Tel. 1 866 9 20 52 99 | www.sfjazz.org | Muni 21 Hayes*

THEATER

AMERICAN CONSERVATORY THEATRE
(136 C4) (*M P5*)
Die Adresse für den traditionellen Theatergänger. Die dynamischste Truppe in San Francisco – vergleichbar mit dem British National Theatre – tritt ganzjährig an verschiedenen Orten der Stadt auf. *415 Geary Street | Tel. 1 415 7 49 22 28 | www.act-sf.org | Muni 38 Geary*

EUREKA THEATRE COMPANY
(137 D3) (*M Q4*)
Moderne Inszenierungen vorwiegend von sozialen und politischen Stücken im Art-déco-Theater. *215 Jackson Street | Tel. 1 415 7 88 74 69 | www.theeurekatheatre.org | Muni 1 California*

MAGIC THEATRE (136 A1) (*M M2*)
Hier werden Stücke von alten und neuen US-Autoren wie Sam Shepard und Nilo Cruz inszeniert. *Building D | Fort Mason | Tel. 1 415 4 41 08 22 | www.magictheatre.org | Muni 30 Stockton*

LOW BUDGET

Seit 1896 wird in der *Anchor Brewing Company* **(143 D2)** (*M Q9*) *(1705 Mariposa Street | Tel. 1 415 8 63 83 50 | Muni 19 Polk)* das einzige landesweit vertriebene Dampfbier der USA gebraut. In einer zweistündigen, kostenlosen Tour besichtigen Sie die Brauerei und probieren verschiedene Biersorten. Unbedingt lange vorher reservieren!

● *Opera/Shakespeare in the Park (www.sfshakes.org | www.sfopera.com):* Von Mai bis September finden in zahlreichen Stadtparks kostenlose Opern- und Schauspielaufführungen statt. Tickets zum halben Preis gibt's im Kartenhäuschen am *Union Square* **(136 C4)** (*M P5*) für denselben Tag. *Cable Car Powell/Hyde*

ÜBERNACHTEN

San Francisco ist nach New York und Honolulu die drittteuerste Stadt der USA – hier zahlt man für eine Zweizimmerwohnung problemlos 3400 Dollar Miete. Da sind Hotelpreise von 200 bis 300 Dollar pro Nacht keine Ausnahme.

Neben den großen, oft teuren Hotels geht der Trend zu Boutique-Hotels: alten Gebäuden, die von findigen Hoteliers aufgekauft und renoviert wurden, um Zimmer zu vernünftigen Preisen anzubieten. Ein Bed & Breakfast in einem viktorianischen Haus kann, muss aber nicht günstig sein – hier lohnt der Vergleich, genau wie bei Hotels in alten Mansions, den ehemaligen, palastähnlichen Häusern wohlhabender San Franciscans. Sparfüchse schauen sich Motels und Hostels mit Mehrbettzimmern an.

Achtung: 14 Prozent Übernachtungs-/Bettensteuer kommen pro Zimmer hinzu. Zwar reicht die Hauptsaison von Anfang Mai bis Ende September, doch ein Besuch lohnt auch außerhalb dieser Monate – San Francisco hat zu jeder Zeit etwas zu bieten. Darüber hinaus freuen sich viele Hotels über Besucher in der Nebensaison und bieten ihre Zimmer deutlich günstiger an. Einige Hotels der Preiskategorie €€ fallen so fast schon in die Kategorie €. Mit Online-Reservierungen sparen Sie noch einmal kräftig: **INSIDER TIPP** Viele Hotels annoncieren im Internet Zimmerpreise, die es so günstig nirgendwo sonst gibt. Allerdings benötigen Sie dafür und für die Reservierung per Telefon eine Kreditkarte, die teilweise schon bei der Buchung, teils erst beim Check-in be-

Bild: Lobby des Fairmont Hotel

California dreamin' – San Francisco bietet Hotelpaläste und Standardunterkünfte, aber auch intimere Hotels in guter Lage

lastet wird. Angebote finden Sie auf Websites wie *www.expedia.com, www.kayak.com, www.priceline.com, www.hotwire.com* und *www.tivago.com.*

HOTELS €€€

CLIFT HOTEL (136 C4) *(*M *O5)*

Das „Wunderland für den Jetset" wurde 1913 errichtet. Heute in den Händen der ultraschicken *Morgans Hotel Group* (auch: *Mondrian,* Los Angeles und *Hudson,* New York) und ihres Stammdesigners Philippe Starck. Moderner Luxus mit Werken von Dalí und Magritte in der Lobby. Clift-Gäste kommen problemlos in den *Redwood Room* (s. S. 82). *363 Zi. | 495 Geary Street | Tel. 1 415 775 47 00 | www.clifthotel.com | Muni 38 Geary*

FAIRMONT HOTEL ★ ☼
(136 C3) *(*M *P4)*

Wohl das bekannteste Hotel der Stadt, ein Marmorpalast auf dem Nob Hill. Im Keller: der *Tonga Room,* eine Tiki-Bar mit Gewitter und auf einem Boot musizie-

HOTELS €€€

Design-Mix zwischen Avantgarde und Exzentrik, auf jeden Fall aber individuell: Hotel Triton

render Liveband. Von vielen der Luxuszimmer großartige Aussicht auf Downtown San Francisco, Alcatraz und die Bay Area. *591 Zi. | 950 Mason Street | Tel. 1415 7725000 | www.fairmont.com/sanfrancisco | Cable Car California*

MANDARIN ORIENTAL
(137 D3) (Q4)

Allein schon die Aussicht aus den Fenstern des Hotels in den obersten Etagen des California Center ist exquisit. Deshalb sind die asiatisch dekorierten Zimmer auch mit Ferngläsern ausgestattet. Service wird in dem mehrfach ausgezeichneten Hotel großgeschrieben. *151 Zi. | 222 Sansome Street | Tel. 1415 2769888 | www.mandarinoriental.com/sanfrancisco | Cable Car California*

PALACE HOTEL (137 D4) (Q5)

Einzigartig sind hier die Halle, die fast genau der ursprünglichen Aufmachung von 1875 entspricht, und der Innengarten, ebenfalls mit der Grandezza der Gründerjahre. Geräumige Zimmer. Online gebucht oft günstiger. *522 Zi. und Suiten | 2 New Montgomery Street | Tel. 1415 5121111 | www.sfpalace.com | Muni F Market*

HOTEL TRITON (136 C4) (P5)

Das extravagante Hotel am Union Square gehört zur Gruppe der Boutique-Hotels, die individuell, oft exzentrisch eingerichtet sind. Neun lokale Künstler statteten die Räume aus, jeder ein Unikat, ob handgemaltes „Diamantenzimmer" oder „Tomatensuppenzimmer". Lassen Sie sich von den Zimmerfotos auf der Website einstimmen. *140 Zi. | 342 Grant Av. | Tel. 1415 3940500 | www.hoteltriton.com | Muni 2 Clement*

W SAN FRANCISCO
(135 D4) (Q6)

Das Management des modernen „W" legt großen Wert darauf, dass hier je-

ÜBERNACHTEN

der seinen Spaß haben soll: In der hippen *The Living Room Bar & Lounge* treffen sich Einheimische und Besucher auf einen Drink. Mit einer bewussten Energieversorgung spart das Haus jährlich 300 kWh ein. *423 Zi. | 181 3rd Street | Tel. 1 415 7 77 53 00 | www.wsanfrancisco.com | Muni 30 Stockton*

HOTELS €€

HOTEL ADAGIO (136 C4) (*O5*)
Alt trifft Neu: Das Gebäude im Spanish-Colonial-Revival-Stil beherbergt ein schmuckes Boutique-Hotel. 80 Zimmer mit Ausblick, im Erdgeschoss lockt die *Bar Adagio*. *171 Zi. | 550 Geary Street | Tel. 1 415 7 75 50 00 | www.hoteladagiosf.com | Muni 38 Geary*

INSIDER TIPP BOHÈME (136 C2) (*P3*)
Der Name ist Programm: Die Einrichtung reflektiert bewusst Kultur und Geschmack der Beatgeneration der 1950er-Jahre. Dazu die Lage in North Beach, wo einst die Bohemiens wohnten. Die Zimmer sind winzig, aber der lavendelfarbene oder auch lindgrüne Anstrich macht alles wett. *15 Zi. | 444 Columbus Av. | Tel. 1 415 4 33 91 11 | www.hotelboheme.com | Muni 30 Stockton*

THE CHATEAU TIVOLI ★ (135 E6) (*L6*)
Wer ganz stilvoll in einem der viktorianischen Holzhäuser, der *Painted Ladies*, wohnen will, sollte ein Zimmer im Chateau Tivoli reservieren. Das gemütliche, 1892 gebaute Bed-&-Breakfast-Inn nahe dem Alamo Square begeistert mit atemberaubenden, altehrwürdig eingerichteten Räumen. Teils günstigere Zimmer, wenn Sie sich das Bad mit einem anderen Gast teilen. *22 Zi. | 1057 Steiner Street | Tel. 1 415 7 76 54 62 | www.chateautivoli.com | Muni 5 Fulton*

DONATELLO HOTEL (136 C4) (*P5*)
Zentraler geht's kaum: Das Donatello liegt einen Block vom Union Square entfernt. Geräumig-moderne Zimmer, Whirlpool und Sauna lassen den Shop-

---

MARCO POLO HIGHLIGHTS

★ **Fairmont Hotel**
Prächtige Lobby und eine phantastische Aussicht auf die Stadt
→ S. 89

★ **W San Francisco**
Schickes Hotel, schicke Gäste – und ein DJ legt Musik auf → S. 90

★ **The Chateau Tivoli**
Antiquitäten und Himmelbetten in einer ehemaligen Privatresidenz
→ S. 91

★ **Ritz Carlton**
Das Luxushotel schlechthin
→ S. 92

★ **Golden Gate**
Das Stadthaus, das Europäer besonders mögen → S. 92

★ **Petite Auberge**
Charmante Villa, außen viktorianisch, innen provenzalisch und mit herrlichem Frühstück → S. 94

★ **Phoenix Hotel**
Wo so mancher Hollywoodstar in San Francisco wohnt → S. 94

★ **Queen Anne Hotel**
Viktorianisch, praktisch, gut – am Rand von Pacific Heights gelegen
→ S. 95

HOTELS €€

pingstress vergessen. *94 Zi. | 501 Post Street | Tel. 1415 4417100 | www.thedonatellosf.com | Muni 2 Clement*

GOLDEN GATE ⭐ **(136 C4)** *(Karte P5)*
Bed & Breakfast in einem gemütlichen Haus um die Jahrhundertwende mit schmaler Fassade, Erkerfenstern und Drahtkäfigfahrstuhl, das meist zur Hälfte von Europäern belegt wird. Die 25 Zimmer sind nicht alle mit Bad, aber dafür spricht man hier Deutsch. Extrem freundliche und hilfsbereite Besitzer mit Hauskatze und Hunden. *775 Bush Street | Tel. 1415 3923702 | Tel. 1800 8351118 | www.goldengatehotel.com | Muni 2 Clement*

LUXUSHOTELS

Four Seasons ❄ **(137 D4)** *(Karte P5)*
Modern und überaus komfortabel präsentiert sich das Hotel am Moscone-Konferenzzentrum. Alle Zimmer sind sehr geräumig und mit gutem Rundumblick auf die Bucht von San Francisco. Im Keller steht Gästen der Fitnessclub auf über 9000 m² samt Sportkursen und Pool zur Verfügung. Ab $ 595. *231 Zi., 46 Suiten | 757 Market Street | Tel. 1415 6333000 | www.fourseasons.com | Muni F Market*

Hyatt Regency (137 D3) *(Karte Q4)*
Superluxus rund um die 17 Etagen hohe Ariumlobby. In den Clubetagen stehen Privatbars und Concierges zur Verfügung. Ab $ 384. *757 Zi., 45 Suiten | 5 Embarcadero Center | Tel. 1415 7881234 | www.sanfranciscoregency.hyatt.com | Muni 1 California | Cable Car California*

Mark Hopkins ❄ **(136 C4)** *(Karte P4)*
Hoch auf dem Nob Hill mit herrlichem Blick besonders von den Suiten: Dort genießen Sie die Fernsicht vom Whirlpool aus. Top-of-the-Mark-Lounge im 19. Stock. Ab $ 279. *382 Zi., 33 Suiten | 1 Nob Hill | Tel. 1415 3923434 | www.intercontinental.com | Cable Car California*

Ritz Carlton ⭐ ❄ **(136 C3)** *(Karte P4)*
Seit seiner Eröffnung im Jahr 1991 ist es *das* Luxushotel auf dem Nob Hill. Es fehlt hier an nichts: italienischer Marmor im Bad, zwei Restaurants, Fitnesscenter und Pool sowie Businesscenter und Clubetage mit Concierge. Ab $ 549. *227 Zi., 60 Suiten | 600 Stockton Street | Tel. 1415 2967465 | www.ritzcarlton.com | Cable Car California*

The Scarlet Huntington Hotel (136 C4) *(Karte O4)*
Eine der vornehmsten Herbergen Amerikas, in der schon Schauspieler Gregory Peck residierte. Das Haus ist dezent, voller Antiquitäten und bietet ein hervorragendes Restaurant. Ab $ 349. *96 Zi., 40 Suiten | 1075 California Street | Tel. 1415 4745400 | www.thescarlethotels.com | Cable Car California*

Taj Campton Place (136 C4) *(Karte P5)*
Luxushotel mit Marmorbädern, versteckten Fernsehern und außergewöhnlichem Service in einem komplett renovierten Gebäude der Jahrhundertwende. Ab $ 360. *101 Zi., 9 Suiten | 340 Stockton Street | Tel. 1415 7815555 | www.tajhotels.com/CamptonPlace | Muni 30 Stockton 45 Union/Stockton*

ÜBERNACHTEN

Imposant: die 17-stöckige Atriumlobby des Luxustempels Hyatt Regency

THE GOOD HOTEL (136 C5) (*P7*)
Das Hotel in leicht dubioser SoMa-Lage setzt auf Recycling, nutzt Brauchwasser-Toilettenspülungen und verleiht vier Gratisfahrräder an Frühaufsteher. *117 Zi. | 112 7th Street | Tel. 1415 6 21 70 01 | www.thegoodhotel.com | Muni F Market*

HANDLERY UNION SQUARE
(136 C4) (*P5*)
Ein klassisches, hübsch renoviertes Innenstadthotel in Familienbesitz, dessen etwas mehr zahlenden Clubgästen auch eine Sauna und ein Schwimmbad zur Verfügung stehen. *377 Zi. | 351 Geary Street | Tel. 1415 7 81 78 00 | sf.handlery.com | Muni 38 Geary*

INSIDER TIPP INN ON CASTRO
(141 E2) (*L9*)
Praktisch im Zentrum des Castro-Viertels gelegen und eines der hübscheren *Edwardian houses*. Die Zimmer – bis auf eines mit Bad – sind modern und freundlich. Die meisten mit Zugang zu einem kleinen Patio, die Suite mit kleinem Garten. *7 Zi., 1 Suite | 321 Castro Street | Tel. 1415 8 61 03 21 | www.innoncastro.com | Muni F Market*

KING GEORGE (135 C4) (*P5*)
Eine elegante Lobby, alle Zimmer in hellen Pastelltönen gehalten, ein gutes japanisches Restaurant und zudem zentral nahe Union Square gelegen – was will man mehr? *153 Zi. | 334 Mason Street | Tel. 1415 7 81 50 50 | www.kinggeorge.com | Muni 38 Geary*

MARINA MOTEL (135 D2) (*K3*)
Die Zimmer des Motels sind nicht mehr ganz taufrisch und etwas laut, aber es gibt auch Zimmer zum Hof und in der Nähe sind viele Restaurants und Bars. In manchen Zimmern ist sogar eine kleine Küche installiert – fragen Sie danach. Ein zusätzliches Plus: kostenlose Parkplätze! *36 Zi. | 2576 Lombard Street | Tel. 1415 9 21 94 06 | www.marinamotel.com | Muni 30 Stocktor.*

HOTELS €€

INSIDER TIPP THE MOSSER HOTEL
(136 C4) (*P6*)
1981 kaufte sich Charles W. Mosser ein Hotel, renovierte es und baute ein Tonstudio ein, um etliche seiner 5000 selbst geschriebenen Songs einzuspielen. Das Studio können Sie im Paket mit einem Zimmer buchen, um Ihre eigene CD aufzunehmen. Ein Teil der Hoteleinnahmen geht an Hilfsorganisationen, etwa zur Erhaltung des Regenwalds. *166 Zi. | 54 4th Street | Tel. 1 415 9 86 44 00 | www.themosser.com | Muni F Market*

Flugbesatzungen aus aller Welt. *1010 Zi., 18 Suiten | 55 Cyril Magnin Street | Tel. 1 415 3 92 80 00 | www.parc55hotel.com | Muni F Market*

PETITE AUBERGE ★ (136 C4) (*O5*)
Bed & Breakfast in der Art eines französischen Landsitzes. Ein bisschen kitschig die herumliegenden Teddybären, großartig hingegen das Frühstück und die leckeren Hors d'œuvres sowie der Sherry, den Sie am Nachmittag in der Lounge genießen können. *26 Zi. | 863 Bush Street | Tel. 1 415 9 28 60 00 | www.petiteaubergesf.com | Muni 2 Clement*

Im Phönix Hotel, beliebt bei Künstlern und Musikern, spielt am Pool ein Frosch E-Gitarre

NOB HILL HOTEL (136 B4) (*O5*)
Im stilvoll eingerichteten Haus mit Stuckdecken und wallenden Vorhängen fühlen Sie sich wie im San Francisco des frühen 20. Jhs., Frühstück, Zeitung und Weinprobe am Nachmittag inbegriffen. *53 Zi. | 835 Hyde Street | Tel. 1 415 8 85 29 87 | www.nobhillhotel.com | Muni 27 Bryant*

PARC 55 (136 C5) (*P6*)
Im 2009 auf cool und hip getrimmten, hochgeschossigen Businesshotel mit spektakulärer Aussicht erholen sich auch

PHOENIX HOTEL ★
(136 B5) (*N–O6*)
Das Hotel liegt nicht gerade in der besten Gegend, sondern im berühmt-berüchtigten Tenderloin. Den Filmemachern, Rockmusikern, Schriftstellern und sonstigen Künstlern, die das Phoenix bevorzugen, scheint dies allerdings nichts auszumachen. Die Zimmer sind riesig und mit Bambusmöbeln eingerichtet. Im Innen-

ÜBERNACHTEN

hof befindet sich ein kleines, beheiztes Schwimmbad. *44 Zi. | 601 Eddy Street | Tel. 1415 776 13 80 | www.jdvhotels.com | Muni 31 Balboa*

QUEEN ANNE HOTEL ★
(135 E4) (*M5*)

Als das Hotel vor mehr als hundert Jahren erbaut wurde, befand es sich noch auf dem Land. Jetzt steht es mittendrin – in der Western Addition, die so gar nicht als fein gilt, aber offenkundig auch nicht so schlimm ist, dass hierhin nicht auch ein luxuriös ausgestattetes viktorianisches Bed & Breakfast passte. Die Zimmer sind mit englischen Antiquitäten und von Hand gefertigten Holzböden ausgestattet. *49 Zi. und Suiten | 1590 Sutter Street | Tel. 1415 441 28 28 | www.queenanne.com | Muni 2 Clement*

STANYAN PARK HOTEL
(140 C2) (*J8*)

Das höchst charmante, dreigeschossige Haus aus dem Jahre 1905 ist ebenfalls ein viktorianisches Juwel. Die sechs Suiten sind für bis zu sechs Personen – und damit für Familien und Freundeskreise sehr erschwinglich. Direkt am Golden Gate Park gelegen. *36 Zi., 6 Suiten | 750 Stanyan Street | Tel. 1415 751 10 00 | www.stanyanpark.com | Muni 71 Haight/Noriega*

HOTELS €

ADELAIDE HOSTEL (136 C4) (*O5*)

Das Adelaide Hostel hat sechs saubere, wenngleich kleine Einzelzimmer mit Bad im Angebot und nutzt auch die Räumlichkeiten des benachbarten Hotels Dakota. Frühstück, Internetzugang, freundlicher Service und Aufenthaltsräume inklusive. *86 Zi. | 5 Isadora Duncan Lane | Tel. 1415 359 19 15 | www.adelaidehostel.com | Muni 38 Geary*

INSIDER TIPP ▶ CASA LOMA HOTEL
(135 E6) (*M7*)

Günstige und dabei gute Hotels wie das Casa Loma werden im Zuge der Gentrifizierung der Stadt immer seltener. Sechs der 48 Zimmer mit eigenem Bad, sonst saubere, geteilte Duschen und Toiletten. Eine Straße vom Alamo Square Park entfernt. *48 Zi. | 610 Fillmore Street | Tel. 1415 552 71 00 | www.casalomahotelsf.com | Muni 21 Hayes*

LOW BUDGET

Selbst im Mutterland des Kapitalismus gibt es gemeinnützige Hostels, die zur interkulturellen Verständigung und zum verantwortungsvollen Umgang mit der Umwelt beitragen wollen. Belohnt wird man für die eher schlichte Unterbringung mit günstigen Preisen und Frühstück – und im Fall des Fisherman's Wharf Hostel mit einer einmaligen Lage im Fort Mason. Die drei ❂ Hostels *(www.sfhostels.com)*:

San Francisco City Center Hostel **(136 B5)** *(O6)* *(Gruppenzimmer ab $ 28, Einzelzimmer ab $ 89 | 685 Ellis Street | Tel. 1415 474 57 21 | Muni 38 Geary)*

Downtown **(136 C4)** *(P5)* *(Gruppenzimmer ab $ 30, Einzelzimmer ab $ 95 | 312 Mason Street | Tel. 1415 788 56 04 | Muni 38 Geary)*

❂ *Fisherman's Wharf* **(137 E1)** *(M2)* *(Gruppenzimmer ab $ 28, Einzelzimmer ab $ 119 | Fort Mason | Building 240 | Tel. 1415 771 72 77 | Muni 30 Stockton)*

HOTELS €

GRANT PLAZA HOTEL (136 C3) (*P5*)
Wenn Sie mit einem schmaleren Geldbeutel unterwegs sind, aber trotzdem sehr zentral wohnen wollen, könnte das Grant Plaza Hotel mitten in Chinatown das richtige für Sie sein. Die Zimmer sind sehr klein, aber sauber. Dafür wohnen Sie in Fußweite zum Union Square und North Beach. *72 Zi. | 465 Grant Av. | Tel. 1 415 4 34 38 83 | www.grantplaza.com | Muni 30 Stockton*

HAYES VALLEY INN (136 A6) (*N7*)
Das familiäre Hotel im Familienbesitz rühmt sich, *home away from home* zu sein. Helle, freundliche Zimmer erwarten den müden Gast, nettes Personal, Frühstück inklusive, sehr genehme Preise. Restaurants und Läden liegen in unmittelbarer Nähe. *28 Zi. | 417 Gough Street | Tel. 1 415 4 31 91 31 | www.hayesvalleyinn.com | Muni 21 Hayes*

INSIDER TIPP LUZ HOTEL
(136 B4) (*O5*)
Come in as guests, leave as family lautet das Motto dieses durchaus charmanten Minihotels. Sehr einfache, doch saubere Zimmer, die meisten davon mit Gemeinschaftsbad. Im *Angel Cafe* (s. S. 61) gegenüber planen Sie Ihre nächsten Abenteuer. Freundliches und hilfsbereites Personal. *22 Zi. | 725 Geary Street | Tel. 1 415 9 28 19 17 | www.luzhotelsf.com | Muni 38 Geary*

HOTEL MAYFLOWER (136 C4) (*O5*)
Was 1929 noch eine kleine Sensation war, ist auch heute nicht immer selbstverständlich: Spüle, Kühlschrank und inzwischen auch Mikrowelle finden Sie in fast jedem der großen Zimmer. Theaterviertel, Chinatown und Union Square sind nur wenige Minuten zu Fuß entfernt. Und Frühstück sowie Internet sind schon im Preis inbegriffen. *102 Zi. | 975 Bush Street | Tel. 1 415 6 73 70 10 | www.sfmayflowerhotel.com | Muni 27 Bryant*

METRO HOTEL (135 E6) (*L8*)
Ein echtes Kleinod an der Grenze von Lower und Upper Haight – in fünf Minuten sind Sie mitten in Haight-Ashbury oder in den etwas etablierteren Gefilden der Lower Haight. Am besten online reservieren, da trotz kleiner Zimmer recht begehrt. *23 Zi. | 319 Divisadero Street | Tel. 1 415 8 61 53 64 | www.metrohotelsf.com | Muni 71 Haight/Noriega*

WOHNEN WIE DIE EINHEIMISCHEN

Einmal San Franciscan sein: Wenn Sie nicht in einem Hotel logieren wollen und mutig genug sind, dann wohnen Sie doch mal für ein paar Wochen zur Untermiete. Auf *sfbay.craigslist.org* führt eine Suche nach *sublet* zu Angeboten von Wohnungen, die Sie zur Kurzzeituntermiete bekommen können. Möchten Sie lieber nur eine Bleibe für ein paar Nächte? Auf *www.airbnb.com* öffneten zu Redaktionsschluss weit über 1000 San Franciscans ihre Wohnung – von der Schlafcouch bis zum eigenen Zimmer ist alles dabei. Ähnliche Angebote gibt es auch unter *www.homeaway.com* und *www.globalfreeloaders.com*. Wer weiß, vielleicht haben Sie ja Glück und dürfen relativ günstig eine Weile als echter Einwohner San Franciscos gelten.

ÜBERNACHTEN

INSIDER TIPP ▶ HOTEL METROPOLIS
(136 C5) (*P6*)

Wer das Metropolis betritt, lässt die Hektik der Großstadt hinter sich. Eine Bücherei im ersten Stock und ein Zen-Ruheraum laden zum Verweilen ein, jedes Zimmer spiegelt mit seiner Farbgebung eins der Elemente Erde, Luft, Feuer und Wasser wider. Ans Hotel angeschlossen: das *Farmer Brown* mit wunderbarem *comfort food,* Bier in urigen Einmachgläsern und Sonntagsbrunch mit Livemusik. Probieren Sie *fried chicken with maccaroni and cheese. 105 Zi. | 25 Mason Street | Tel. 1 415 7 75 46 00 | www.hotelmetropolis.com | Muni F Market*

THE RED VICTORIAN
(140 C2) (*J8*)

Hier werden Hippieträume wahr: Im liebevoll „Red Vic" genannten B & B auf der Haight Street herrscht Nostalgie pur. Auch nach Renovierung im Jahr 2014 ein Vorreiter für experimentelles Wohnen: Bevor Sie ein teils geteiltes Zimmer buchen, füllen Sie ein Profil aus, das den Bewohnern verrät, wer sie besucht. Zielgruppe sind eher jüngere Reisende, die kein Problem damit haben, morgens über die vielen Obdachlosen auf der Haight Street zu klettern. Frühzeitiges Buchen ist angeraten! *20 Zi. | 1665 Haight Street | Tel. 1 415 8 64 10 14 | www.redvic.com | Muni 71 Haight/Noriega*

Wie ein Relikt aus den Blumenkindertagen: The Red Victorian Bed & Breakfast

INSIDER TIPP ▶ SAN REMO
(136 C2) (*O2*)

In einem ruhigen Teil von North Beach, aber noch in Laufweite zu Fisherman's Wharf. Eine bessere Lage gibt es kaum. Die Zimmer sind im amerikanisch-rustikalen Stil eingerichtet: Messing- und Eisenbetten, Holz- und Bastmöbel und Deckenventilatoren. Die Bäder – keine individuellen – haben noch frei stehende Wannen, so wie jene, in denen die Wildwestfilmhelden es sich gut gehen ließen. Besonders schön: das Penthouse. *62 Zi. | 2237 Mason Street, Ecke Chestnut Street | Tel. 1 415 7 76 86 88 | www.sanremohotel.com | Cable Car Powell/Mason*

ERLEBNISTOUREN

① SAN FRANCISCO PERFEKT IM ÜBERBLICK

START: ❶ Pinecrest Diner
ZIEL: ⑫ North Beach

Strecke:
➡ 31 km

1 Tag
reine Fahr-/Gehzeit
5 Stunden

KOSTEN: $ 15 Muni-Tagespass, $ 10 Taxi von Golden Gate Bridge zur Ecke Haight & Ashbury, $ 70 Essen & Trinken
MITNEHMEN: Festes Schuhwerk, Sonnenbrille, Sonnenschutz, Wasser. Auch eine Jacke können Sie zu jeder Jahreszeit gebrauchen – selbst tagsüber frischt es mitunter vom Wasser her auf.

ACHTUNG: Kaufen Sie sich am besten einen MUNI-Tagespass. Damit kommen Sie sogar mit der BART-Schnellbahn vom Mission District zurück in die Innenstadt.

Städte haben viele Facetten. Wenn Sie Lust haben, diese verschiedenen Gesichter mit all ihren einzigartigen Besonderheiten zu entdecken, wenn Sie jenseits bekannter Pfade geführt oder zu grünen Oasen, ausgewählten Restaurants oder typischen Aktivitäten geleitet werden wollen, dann sind diese maßgeschneiderten Erlebnistouren genau das Richtige für Sie. Machen Sie sich auf den Weg und folgen Sie den Spuren der MARCO POLO Autoren – ganz bequem und mit der digitalen Routenführung, die Sie sich über den QR-Code auf S. 2/3 oder die URL in der Fußzeile zu jeder Tour downloaden können.

Wer nicht viel Zeit hat oder sich einen Überblick über San Francisco verschaffen will, ist bei dieser Tour genau richtig – von spektakulären Sehenswürdigkeiten bis zu authentisch-interessanten Stadtvierteln ist alles mit dabei. Obendrein lernen Sie gleich mehrere der Nationalitäten kennen, die San Francisco ihre Heimat nennen. Und Sie probieren deren kulinarische Spezialitäten, damit Sie während des erlebnisreichen Tags nicht vor Erschöpfung zusammenbrechen.

09:00 Nach einem guten Frühstück läuft es sich besser: Der Tag in San Franciscos *neighborhoods* beginnt im ❶ **Pinecrest Diner** *(401 Geary Street)*, **einen Block**

❶ Pinecrest Diner 🍴

Bild: Chinatown

vom Union Square entfernt, mit einem zünftigen *American breakfast.* Setzen Sie sich an den Tresen, und schauen Sie den Köchen beim flinken Zubereiten der Speisen zu. **Auf der Geary Street geht es einen Block in Richtung Osten: Am Nordende des Union Square** steigen Sie in ein ❷ **Cable Car → S. 44** ein, lösen einen INSIDERTIPP Tagespass und schlagen so der langen Schlange an der Endstation ein Schnippchen. Die Linie spielt keine Rolle, beide halten an der **Ecke Powell & Washington, wo Sie aussteigen und dann zwei Blöcke nach Osten** laufen. Willkommen in ❸ **Chinatown → S. 43**, konkret: am **Portsmouth Square,** dem ersten öffentlichen Platz der Stadt. Von hier aus empfiehlt sich ein Rundgang durch eins der

ERLEBNISTOUREN

ältesten Viertel San Franciscos mit seinen verwunschenen Gassen, authentisch asiatischen Obst- und Gemüseläden und zahlreichen großen und kleinen Geschäften mit allerlei Schnickschnack.

12:00 Ab Powell & Washington geht's **mit dem Cable Car weiter in Richtung ❹ Fisherman's Wharf → S. 43**. Nehmen Sie die **Powell-Hyde-Linie bis zum Aquatic Park, und laufen Sie dann in Richtung Osten** zum ❺ **Pier 39 → S. 49** – zum Kauf von Andenken oder zum Bestaunen der Seelöwen links des Piers. So langsam knurrt der Magen? Kein Problem, gehen Sie **zurück in Richtung Aquatic Park** und kehren Sie bei ❻ **In-N-Out Burger → S. 70** ein. Bestellen Sie Ihr Mittagessen am besten zum Mitnehmen, denn auf den Stufen des Maritime Museum oder gar direkt am Strand sitzend schmeckt es mit Blick auf Alcatraz und die Golden Gate Bridge noch mal so gut. Gehen Sie weiter **am Wasser entlang in Richtung Golden Gate Bridge,** bis die Straße einen Linksknick macht und eine kleine Anhöhe hinaufführt. **Folgen Sie dem Weg durch** ❼ **Fort Mason → S. 34**, genießen Sie dabei die Aussichten auf Stadt und Bucht und steigen Sie am Marina Boulevard in den **Muni-Bus 28 in Richtung Daly City Bart.**

Nach einer kurzen Fahrt durch das Marina-Viertel, vorbei am Presidio mit Blick auf das Letterman Digital Arts Center auf

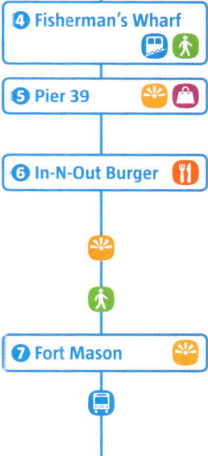

Hier gibt's Hamburger & Co, zubereitet nur aus frischen Produkten: In-N-Out Burger

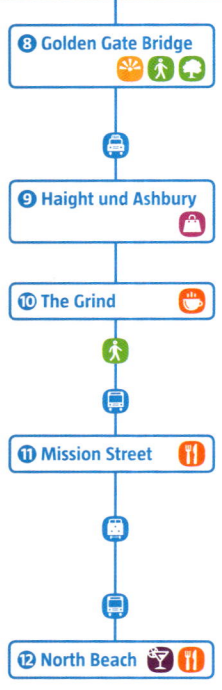

der linken Seite, erreicht der Bus die ❽ **Golden Gate Bridge → S. 29**. Steigen Sie aus, und erkunden Sie den kleinen Park direkt an der Haltestelle, verbunden mit einem Gang über einen Teil der zweitlängsten Brücke der USA. Nach so viel Natur wird es Zeit für den Großstadtdschungel: **Mit dem Taxi fahren Sie zur Kreuzung der Straßen ❾ Haight und Ashbury → S. 36**, die dem Stadtviertel seinen Namen geben. Wo sich in den späten 60er-Jahren die Hippies versammelten, gibt's auch heute noch viele urige Typen und Läden. Erste Müdigkeitserscheinungen bekämpft ein Espresso im Coffee-Shop ❿ **The Grind** *(783 Haight Street)*.

18:00 Szenenwechsel: Laufen Sie **die Haight Street drei Kreuzungen nach Osten** zur Fillmore Street. Dort steigen Sie in den **Muni-Bus 22** und an der **Haltestelle 16th & Mission** wieder aus. Hola! Willkommen auf der ⓫ **Mission Street → S. 42**. Tauchen Sie in das bunte Treiben ein paar Blöcke südlich ein, und erleben Sie mexikanische Gastfreundschaft in einer der vielen *taquerías*. Schließlich fahren Sie **mit der BART-Schnellbahn von der Haltestelle 16th & Mission zurück in die Innenstadt und steigen an der Powell Street wieder aus**. An der Stockton Street an der Ostseite des Union Square steigen Sie in den **Bus 30 und fahren damit bis zur Columbus Street** ins Herz von ⓬ **North Beach → S. 43**. Entspannen Sie sich bei einem Glas Wein im **Colosseo Ristorante & Bar** *(414 Columbus Av. / €)* und beschließen Sie den Tag mit italienischen Dessert- und Kuchenspezialitäten der Bäckerei **Stella Pastry & Cafe** *(446 Columbus Av.)*.

ERLEBNISTOUREN

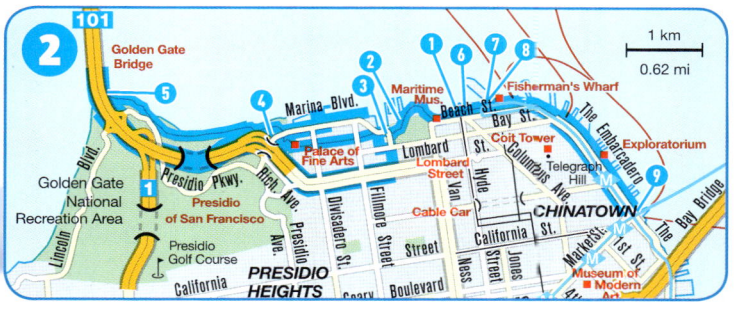

Wenn Sie genug vom Kraxeln über die Hügel von San Francisco haben, entspannt ein ausgedehnter Spaziergang am Wasser Geist und Körper. Einen halben Tag sollten Sie schon für die gesamte Tour veranschlagen – je nachdem, wie lange Sie an den einzelnen Sehenswürdigkeiten verweilen und wie schnell Sie zu Fuß sind.

10:00 Sie starten diese Tour am ❶ **Aquatic Park**. Rechts liegen Alcatraz und die Museumsschiffe, links Ihr Ziel: die Golden Gate Bridge. **Immer am Wasser geht's die McDowell Avenue entlang,** eine ehemalige Zufahrtsstraße zum ❷ **Fort Mason → S. 34,** heute ein vielseitiges Kulturzentrum. Sie passieren einen kleinen Park und **halten sich rechts, den Hügel hinab** zum Marina Boulevard. Links: ein ❸ **Safeway** *(24 Std. geöffnet | 15 Marina Blvd.),* als INSIDER TIPP Single-Treffpunkt in Armistead Maupins „Stadtgeschichten" verewigt. Warum nicht dort ein frisch belegtes Sandwich zur Stärkung erstehen?

Zurück auf der anderen Straßenseite laufen Sie am Yachthafen entlang, **immer in Richtung Westen.** Vom Marina Green Drive zwischen dem Yacht- und dem westlichen Hafen haben Sie einen schönen Blick auf Fort Mason. **Links in die Scott Street und dann wieder rechts den Marina Boulevard entlang:** Auf der linken Seite sehen Sie jetzt den Palace of Fine Arts → S. 36, doch den lassen Sie links liegen. Rechts vor sich sehen Sie das ❹ **Beach Hut Café** *(tgl. | 1199 E Beach),* wo Sie je nach Wetterlage ein warmes oder kaltes Getränk zu sich nehmen können.

Weiter geht es zum ehemaligen Militärflugplatz Crissy Field, den Sie **über die Golden Gate Promenade** zwischen Beach Hut Café und dem Wasser erreichen. **Weiter nach Westen** passieren Sie das Farrallones Visitor Center und die **Warming Hut** *(€),* in der Sie Getränke und Snacks so-

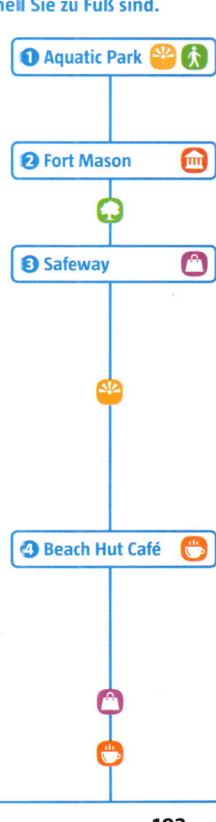

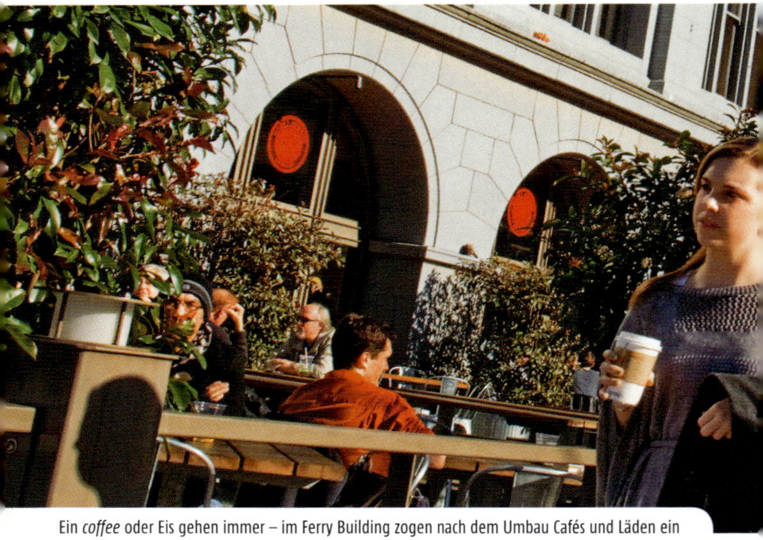

Ein *coffee* oder Eis gehen immer – im Ferry Building zogen nach dem Umbau Cafés und Läden ein

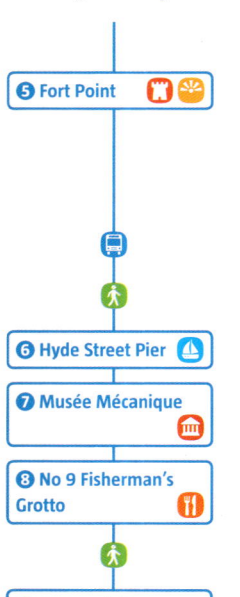

wie qualitativ hochwertige Bücher über und Andenken an San Francisco und dem Park bekommen. Schließlich erreichen Sie den ❺ **Fort Point → S. 29** – spektakuläre Blicke auf San Franciscos Wahrzeichen sind der Lohn. **Zurück in Richtung Stadt gehend folgen Sie einem Wanderpfad, der sich etwa 500 m östlich vom Fort Point** zur Südseite der **Golden Gate Promenade → S. 30** emporschlängelt. Je nach Zeit und Wetter sollten Sie mindestens **zum ersten Brückenpfeiler** der **Golden Gate Bridge → S. 29** laufen und dann **am Besucherpark in den Bus 28** in Richtung Fort Mason steigen. An der **Endstation** steigen Sie aus und **laufen zurück zum** Aquatic Park.

16:00 Wenn Sie noch etwas Zeit haben, empfiehlt sich ein Besuch der am ❻ **Hyde Street Pier → S. 48** liegenden Museumsschiffe, der kleinen Seemannskirche sowie auch des ❼ **Musée Mécanique → S. 49** am Pier 45. Schön ist ein Abendessen im nostalgischen Restaurant ❽ **No 9 Fisherman's Grotto** *(tgl. | 2847 Taylor Street | Tel. 1 415 6 73 70 25 | €€)*. Der Verdauungsspaziergang geht schließlich **die Jefferson Street und dann The Embarcadero entlang** zum ❾ **Ferry Building → S. 56**, um dort im Hipster-Coffee-Shop **Blue Bottle Coffee** *(tgl.)* noch eine heiße Tee- oder Kaffeespezialität zu trinken.

ERLEBNISTOUREN

3 · 49 MEILEN – MIT DEM AUTO DURCH SAN FRANCISCO

START: ❶ City Hall
ZIEL: ❶ City Hall

Strecke: 78,8 km

ca. 4 Stunden
reine Fahrzeit
2–3 Stunden

KOSTEN: $ 100 für den Leihwagen, $ 10 für Parkuhren
MITNEHMEN: 25-Cent-Münzen für etwaige Parkuhrstopps

ACHTUNG: Halten Sie nicht mitten auf der Straße, sonst drohen grobe Beschimpfungen und Hupkonzerte – und auf keinen Fall an rot markierten Bordsteinen – auch nicht, wenn Sie das Auto nur für nur wenige Minuten verlassen.

Hinter den Straßenschildern mit einer weißen Möwe auf blauem Grund verbirgt sich der bereits 1938 angelegte 49-Mile Scenic Drive. Er führte erstmals die Besucher der 1939er Golden Gate International Exposition zu den Hauptattraktionen der Stadt und ihren Naturschönheiten. Wo es erlaubt ist, nehmen Sie sich die Zeit, um auszusteigen, anstatt nur Erinnerungsfotos aus dem heruntergelassenen Fenster zu schießen.

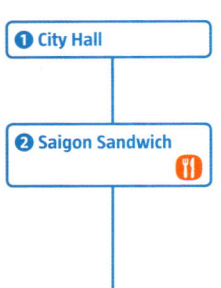

09:00 Der Start- und Endpunkt dieser Strecke ist die ❶ **City Hall → S. 54**, das Rathaus von San Francisco. Sie fahren von der Polk Street einmal **um den Civic Center Plaza herum und dann nach Little Saigon**, dem vietnamesischen Viertel der Stadt. Als Wegzehrung empfiehlt sich ein wohlschmeckendes Sandwich von ❷ **Saigon Sandwich → S. 71**. Weiter geht es **über den Cathedral Hill nach Japantown**. Hier machen Sie kehrt und fahren **zurück in Richtung Innenstadt.** Sie passieren den etwas besseren Teil des **Tenderloin-Viertels**, von cleveren Immobilienmaklern „Lower Nob Hill" genannt, bevor Sie den **Union Square umrunden** und auf Chinatown zusteuern. Anschließend geht's nach **Nob Hill → S. 43** mit seinen Edelhotels, an der **Grace Cathedral → S. 47** vorbei und dann erneut durch Chinatown. Die **Grant Avenue führt Sie durch das**

106 Diese Touren finden Sie als App unter http://go.marcopolo.de/sfc

ERLEBNISTOUREN

Surfen direkt in San Francisco? Am wind- und wellenreichen Ocean Beach ist es möglich

italienische Viertel **North Beach → S. 43** nach **Fisherman's Wharf → S. 43**. Um **Fort Mason → S. 34** herum geht es an den Yachthäfen vorbei zum ❸ **Palace of Fine Arts → S. 36**. Hier finden Sie mit etwas Glück einen Parkplatz, nehmen auf einer Parkbank an der Lagune hinter dem Palast Platz und verputzen Ihr vietnamesisches Sandwich. **Durch den Marina District**, der auf jeder Menge aufgeschüttetem Sand errichtet wurde, **geht es ins Presidio → S. 32 und weiter nach** ❹ **Fort Point → S. 29**. Hier sollten Sie anhalten und die spektakuläre Aussicht genießen.

Zurück durch das Presidio erreichen Sie die Westseite der Stadt: ❺ **Ocean Beach → S. 43** erstreckt sich nach Süden, so weit das Auge blicken kann. Bei gutem Wellengang kann man hier sogar surfen. Neben dem obligatorischen Stopp an einem der zahlreichen Parkplätzen am Meer sollten Sie auch oberhalb der Ruinen der INSIDER TIPP **Sutro Baths** halten. Hier verlustierten sich zwischen 1896 und 1966 die Stadtbewohner in der seinerzeit größten Hallenbadanlage der Welt – Natur- und Kunstmuseum, Amphitheater und Eishalle inklusive. Jetzt geht es **auf dem Great Highway weiter nach Süden**. Sie passieren die Westseite des Golden Gate Park, den städtischen Zoo und umrunden den Lake Merced. **Durch den Sunset District**, das größte und bevölkerungsreichste Viertel San Franciscos, fahren

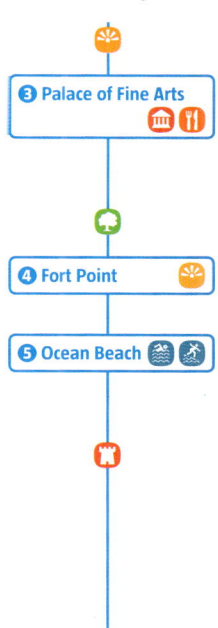

❸ Palace of Fine Arts

❹ Fort Point

❺ Ocean Beach

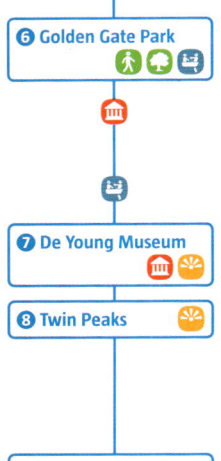

Sie in den ❻ **Golden Gate Park → S. 40**, in dem es vor Möglichkeiten zum Anhalten und Aussteigen nur so wimmelt: darunter der **Japanese Tea Garden → S. 41**, das **National Aids Memorial Grove** oder die **California Academy of Sciences → S. 38**. Wollen Sie nach dem Auto-Marathon die Beine bewegen, dann stechen Sie mit dem Tretboot auf dem **Stow Lake** in See. Bei klarem Wetter lohnt sich unbedingt der Blick von der kostenlosen Aussichtsetage des ❼ **De Young Museum → S. 40**. **Anschließend fahren Sie hoch auf die ❽ Twin Peaks → S. 43**. Von diesem Doppelhügel haben Sie einen wirklich beeindruckenden Blick über San Francisco – sofern Ihnen der Nebel keinen Strich durch die Rechnung macht.

Genug des Weitblicks? Dann geht es **durch Corona Heights wieder hinab ins Castro → S. 39**, dem lebendigen Lesben- und Schwulenviertel der Stadt. Der 49-Mile-Drive führt Sie weiter ins Viertel **Mission Dolores → S. 41** mit dem ❾ **Mission Dolores Park**. Hier tummeln sich an warmen Tagen Tausende von Normalos, Hipstern und ausgeflippten Typen. Ein lohnenswerter Stopp, so Sie denn einen Parkplatz finden können. Nach rund 40 Meilen, die Sie auf Stadtstraßen verbracht haben, folgt ein Abschnitt auf der Interstate 280. **Sie verlassen den Freeway in der Nähe der Mission Bay und des Baseballstadions, unterqueren die Bay Bridge → S. 53, fahren am Ferry Building → S. 56 vorbei und schlagen sich dann nach links in den Financial Dis-**

Hauptverkehrsstrecke mit Aussicht: Die Bay Bridge verbindet San Francisco mit Oakland

Diese Touren finden Sie als App unter http://go.marcopolo.de/sfc

ERLEBNISTOUREN

trict mit einem **kleinen Abstecher ins SoMa**-Viertel, in dem es vor Technologiefirmen und Baukränen nur so wimmelt. Als kulinarischen Ausklang sollten Sie ins vietnamesische Restaurant ❿ **Tú Lan → S. 71** gehen. Das Restaurant liegt **nahe der Market Street, nur 10 Minuten entfernt** von Ihrem Ausgangspunkt: der ❶ **City Hall**.

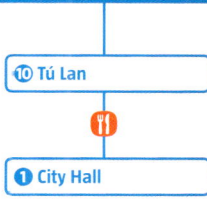

④ DER NORDWESTEN – PAZIFIK, REICHTUM & STRAND

START: ❶ Point Lobos **ZIEL:** ❼ Golden Gate Bridge	**4–5 Stunden** reine Gehzeit gut 2 Stunden
Strecke: ➡ 8 km	

KOSTEN: $ 15 Muni-Tagespass
MITNEHMEN: Sonnenbrille, Sonnenschutz, Jacke, Wasser – und für Hartgesottene: Badesachen

Die Wanderung entlang des Lands End Trail bis zur Golden Gate Bridge ist nicht besonders anstrengend und zu jeder Jahreszeit ein optischer Genuss. Auch wenn es an den Strand geht und manche „Experten" diesen Weg in Flipflops angehen: Bequemer und vor allem trittfester ist festes Schuhwerk, denn Sie laufen nicht nur auf Straßen, sondern auch auf Wanderwegen.

11:00 Diese Erlebnistour startet an der Kreuzung von ❶ **Point Lobos** und 48th Avenue *(Muni 38 Geary)*, die Sie am besten per Bus erreichen. In Meeresrichtung rechts an der Point Lobos Avenue befindet sich ein großer **Parkplatz, an dessen Nordende ein empfehlenswerter Pfad für einen Abstecher zu den Ruinen der** ❷ **Sutro Baths** führt. Falls Sie sich für die Tour stärken oder ein Sandwich für unterwegs besorgen wollen: Unmittelbar neben bzw. über den Sutro Baths befinden sich das **Cliff House → S. 28** mit Lokal

109

Im Cliff House kann man beste Ausblicke und im Louis' gute kalifornische Küche genießen

❸ Louis'

❹ Eagle Point

❺ Sea Cliff

sowie auch das Restaurant ❸ **Louis'** *(€)*. Zurück zum Parkplatz: An dessen Nordende beginnt ein **Wanderweg, der in einem Bogen auf den** Lands End Trail **führt,** über den man vor über 120 Jahren für fünf Cent mit einem Zug aus der und in die Stadt reiste.

Lassen Sie die Abzweigungen nach rechts links liegen, es sei denn, Sie wollen die Stufen zum Palace of the Legion of Honor → S. 32 hinauf- und wieder hinabsteigen. **Richtig nah ans Wasser geht es über den ausgeschilderten Weg zum Mile Rock Beach** auf der linken Seite, von dem **ein Pfad zum Aussichtspunkt ❹ Eagle Point** und einem dort angelegten Labyrinth führt. INSIDER TIPP **Bei Ebbe sehen Sie im Wasser zahlreiche Schiffswracks** aus den 1920er- und 30er-Jahren. **Schließlich stößt der Land End Trail auf den Camino Del Mar,** der sich in einem Bogen durch San Franciscos Reichenviertel ❺ **Sea Cliff** mit seinen exorbitant teuren Villen windet. Weiter **nach Norden, bis die Straße mit der Sea Cliff Avenue fusioniert,** die alsbald nach rechts abknickt.

Folgen Sie ihr und biegen Sie dann **links in die 25th Avenue** ein – eine Sackgasse, von deren rechten Seite es einen **Fußweg**

ERLEBNISTOUREN

hinab zum ❻ **Baker Beach → S. 28** geht, einem Strand mit spektakulären Blicken auf die Golden Gate Bridge und die Marin Headlands. Nur wenige gehen aufgrund des kühlen Wassers und der Strömungen hier schwimmen, doch zum Sonnenbaden und Entspannen ist der Strand perfekt. Im Norden eines Parkplatzes liegt die **Battery Chamberlain** – eine von insgesamt 17 Kanonenbatterien, die 1891–1946 in Fort Scott installiert wurden – **hier folgen Sie dem Strandpfad rechts und schlagen sich zum Lincoln Boulevard durch, den Sie in nördlicher Richtung entlanglaufen, bis Sie nach einem Zebrastreifen wieder einem Pfad in Richtung Küste folgen.** Vorbei an der Battery Crosby, dem Marshall Beach, der Battery Godfrey und der Battery Boutelle erreichen Sie schließlich das Südende der ❼ **Golden Gate Bridge → S. 29**, von wo aus der Muni-Bus 28 ins Zentrum nach Fisherman's Wharf → S. 43 fährt.

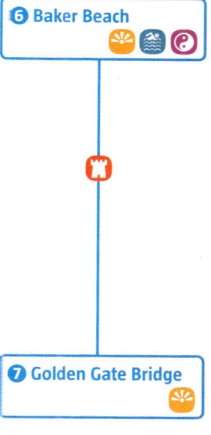

5 PER FAHRRAD ÜBER DIE GOLDEN GATE BRIDGE NACH SAUSALITO UND TIBURON

START: ❶ Crissy Field **ZIEL:** ⓬ Fisherman's Wharf	**1 Tag** reine Fahrzeit 4,5 Stunden
Strecke: ➡ **50 km inkl. Fährfahrt**	

KOSTEN: $ 40 Fahrradverleih, $ 15 Essen & Trinken, $ 15 Fährticket
MITNEHMEN: Festes Schuhwerk, Jacke, Sonnenschutz, Wasser

ACHTUNG: Achten Sie darauf, welche Seite der Brücke für den Fahrradverkehr freigegeben ist und wann die letzte Fähre zurück nach San Francisco fährt.
Der Radverleih *Blazing Saddles* (tgl. | 2714 Hyde Street | Tel. 1415 2 02 88 88) akzeptiert Rabattcoupons aus den überall erhältlichen kostenlosen Anzeigenheften und bietet häufig Sonderkonditionen an – an der Rezeption nachfragen!
Fragen Sie beim Fahrradverleih, ob dieser Ihnen ein Fährticket verkauft – so sparen Sie etwaiges Schlangestehen. Meist können Sie Ihr Rad auch nach Feierabend beim Verleiher abgeben.

Wie wird ein Besuch der vielleicht schönsten Brücke der Welt zu einem noch schöneren Erlebnis? Indem man sie mit dem Fahrrad „erobert". Und warum auf der Nordseite der Golden Gate Bridge umkehren, wenn nur wenige Kilometer entfernt zwei Perlen des Marin County – Sausalito und Tiburon – zu entdecken sind?

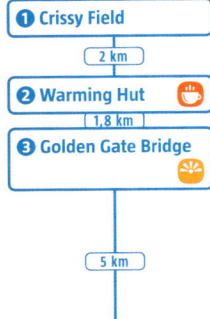

- **1** Crissy Field
- 2 km
- **2** Warming Hut
- 1,8 km
- **3** Golden Gate Bridge
- 5 km

11:00 Vom **1 Crissy Field** im Norden des Presidio aus starten Sie mit einem geliehenen Drahtesel **Richtung Golden Gate Bridge**. Kurz noch eine Stärkung im **2 Warming Hut** (€), dann schwingen Sie sich wieder auf den Sattel und fahren **kurz vor Fort Point eine relativ steile Straße hinauf zur 3 Golden Gate Bridge → S. 29**. Oben angekommen können Sie verschnaufen und ein Foto von sich und/oder der Brücke schießen. Dann geht's übers Wasser nach Norden, je nach Tageszeit entweder auf der stadtzu- oder -abgewandten Seite. **Hinter der Brücke fahren Sie auf den Weg, der Sie auf die Straße in Richtung Sausalito führt.** Es geht steil bergab, gutes Bremsen ist angesagt. Folgen Sie der **Hauptstraße nach Sausalito**.

Liebevoll wird hier das Image der Hippie-Ära bewahrt: Hausbootsiedlung in Sausalito

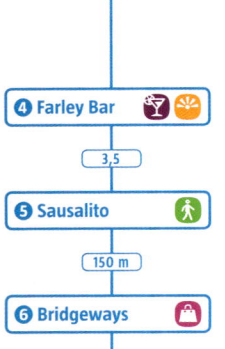

- **4** Farley Bar
- 3,5
- **5** Sausalito
- 150 m
- **6** Bridgeways

Noch vor der Stadt führt eine Seitenstraße nach Cavallo Point, einem exklusiven Hotelresort im früheren Fort Baker. Seine Besitzer haben zahlreiche Gebäude der 1897 errichteten Militärbasis restauriert und einige neue hinzugefügt. In der **4 INSIDERTIPP Farley Bar** *(tgl. | 601 Murray Circle | €€€)* dürfen auch Nicht-Gäste ein erfrischendes Getränk mit einem grandiosen Blick auf die Golden Gate Bridge zu sich nehmen. Gespeist wird dann im Mitte des 19. Jhs. gegründeten **5 Sausalito**. Dort und im Nachbarort Tiburon scheint auch dann die Sonne, wenn San Francisco vom Nebel bedeckt ist. Die Bewohner beider Städtchen motiviert das zu kreativen Großtaten: In den Galerien und Boutiquen, die sich entlang des **6 Bridgeways** drängeln,

ERLEBNISTOUREN

können Sie etliche lokal gefertigte Kunst- und Kleidungsstücke käuflich erwerben. Praktisch, dass Sie ohnehin auf dieser Straße unterwegs sind. Im ebenfalls **am Bridgeway gelegenen ❼ Taste of Rome** *(tgl. | 1000 Bridgeway | €)* tummeln sich Einheimische und Besucher – probieren Sie den famosen *Italian burger*.

Kurz vor der Kreuzung von Bridgeway und Highway 101 finden Sie auf der rechten Seite die weltberühmten ❽ **Hausbootsiedlungen** von Sausalito. Hier wohnen seit den 1960er-Jahren nicht mehr nur Künstler in umgebauten Landungsbooten aus dem Zweiten Weltkrieg, schwimmenden Eisenbahnwaggons und ähnlich kreativen Domizilen. **Der Fahrradweg folgt dem Verlauf des Highways**, kurvt jedoch um Naturschutzgebiete und Parks herum, in denen Kinder und Jugendliche Fußball spielen – die europäisch-internationale Variante, nicht American Football. Folgen Sie dem **ausgeschilderten Radweg nach ❾ Tiburon**, landen Sie in einem Örtchen, das noch eine Spur schicker als Sausalito ist. Dafür ist seine Innenstadt deutlich übersichtlicher. Inzwischen dürfte Ihr Magen wieder knurren – Zeit für ein frühes Abendessen in ❿ **Sam's Anchor Café** *(tgl. | 27 Main Street | Tel. 1415 4 35 45 27 | €€)*.

19:00 Schließlich geht es **mit der Fähre zurück nach San Francisco.** Bei klarem Wetter bieten sich Ihnen auf der Rückfahrt sensationelle Blicke auf Golden Gate und Bay Bridge, San Francisco, Alcatraz und ⓫ **Angel Island**. Die 3 km² große Insel war im 20. Jh. so etwas wie das Ellis Island des Westens. Zwischen 1910 und 1940 machten rund eine Million vorwiegend asiatische Einwanderer vor dem Betreten der USA hier Station. Heute ist die Insel Parkland, das mit tollen Aussichten, einem kleinen Strand, Grillplätzen sowie einem Wanderweg zum gerade mal 240 m hohen **Mount Livermore**, der an warmen Tagen jede Menge Besucher anlockt. An klaren Tagen sieht man von dort oben den Mount Tamalpais und Teile von Marin County sowie die Skyline von San Francisco, wo Sie am Ende der Fährfahrt in ⓬ **Fisherman's Wharf** → S. 43 wieder an Land gehen.

113

MIT KINDERN UNTERWEGS

Schiffe, Seelöwen und Straßenkünstler, eine Fahrt im Cable Car – damit kann man Kids schon einen ganzen Tag beschäftigen. Hier noch ein paar weitere, selbst für Erwachsene spannende Aktivitäten. Interessant ist auch die offizielle Kinderwebsite der Stadt: *www.sfkids.org*.

CHILDREN'S CREATIVITY MUSEUM
(137 D5) *(*ɱ *Q6)*
Im interaktiven Multimedia- und Technikzentrum, dem ehemaligen *Zeum,* werden Kreativität, Kooperations- und Kommunikationsfähigkeit aller Besucher ab drei Jahren angestachelt: Mit selbst gemachten Musikvideos, Animationsfilmen, Collagen ziehen die Macher des Museums alle Register. *Museum: Mi–So 10–16 Uhr, Karussell: tgl. | Eintritt Museum: $ 12, Karussell: $ 4 | 221 4th Street | www.creativity.org | Muni 30 Stockton*

INSIDER TIPP EXPLORATORIUM
(137 D2) *(*ɱ *Q3)*
Das interaktive Wissenschaftsmuseum für kleine und große Kinder ab sechs Jahren zog 2013 an den Pier 15 um. Hunderte Exponate zu Themen wie Astronomie, Geologie und menschliche Sinne. Am ersten Donnerstag des Monats: *After Dark,* ein Mix aus Kabarett, Theater und Galerie für Erwachsene ($ 15, ab 18). *Di–So 10–17 Uhr | Eintritt $ 19–29 | Pier 15 | www.exploratorium.edu | Muni F Judah*

FARALLONES VISITOR CENTER
(134 A2) *(*ɱ *G2)*
Westlich der Stadt liegt der Pazifik – und darin das *Gulf of the Farallones National Marine Sanctuary,* ein rund 3000 km² großes Wasserschutzgebiet. In seinem Zentrum: die Farallon-Inseln, auf denen mehr Seevögel brüten als irgendwo sonst auf dem US-Festland. Über 36 Meeressäugetierarten leben dort, darunter bedrohte Spezies wie Blau- und Buckelwale. Im Besucherzentrum an der Westseite des Crissy Field können Klein und Groß im Sand nach Haifischzähnen suchen, das Fell eines Seeotters streicheln und eine Seeanemone füttern. *Mi–So 10–16 Uhr | Eintritt frei | Crissy Field | Building 991 | www.farallones.org | Muni 29 Sunset*

INSIDER TIPP GOLDEN GATE FORTUNE COOKIE COMPANY ● **(136 C3)** *(*ɱ *P4)*
In dieser Fabrik, die nur einen Raum füllt, werden Sie in ein besonderes Geheimnis von Chinatown eingeweiht: in die Herstellung von Glückskeksen. Und wo Sie schon hier sind, können Sie vielleicht auch gleich dem geigenden Friseur ne-

Die San Franciscans verstehen es, Kunst und Kultur kindgerecht und mit viel Spaß zu präsentieren

benan lauschen. *Tgl. 9–18 Uhr | Eintritt frei, $ 0,50 pro Foto | 56 Ross Alley | Muni 30 Stockton*

SAN FRANCISCO ZOO
(144 A3) (*M* 0)

In Nordkaliforniens größtem zoologischen Garten an der Westseite der Stadt leben 250 verschiedene Tierarten. Für $ 3 gibt es einen Schlüssel, der an vielen Gehegen mehrsprachige Geschichten und Wissenswertes über die Bewohner aktiviert – auch um Besucher dazu anzuregen, Tierschützer und -bewahrer zu werden. Schön: eine Fahrt mit dem nostalgischen *Dentzel Carousel* ($ 3) und dem *Little Puffer Miniature Steam Train* ($ 5). *Tgl. 10–17 Uhr | Eintritt $ 11 bzw. $ 17, mit Muni-Fahrkarte $ 1 Rabatt | 1 Zoo Road | www.sfzoo.org | Muni L Taraval*

INSIDER TIPP ▶ YODA FOUNTAIN
(134 C3) (*M* J3)

Im Presidio hat Star-Wars-Erfinder George Lucas mit drei Firmen Stellung bezogen. Den Eingang schmückt ein Springbrunnen mit einer Figur des weisen Meister Yoda. Die Lobby dahinter ist wie der Park um das Anwesen für die Öffentlichkeit geöffnet – hier gibt es Filmdevotionalien sowie lebensgroße Statuen und Figuren, etwa von Darth Vader und Boba Fett. Kamera nicht vergessen! Das *Letterman Digital Arts Center* erhielt aufgrund seiner energiesparenden Maßnahmen eine Auszeichnung vom *US Green Building Council*. *Tgl. | Eintritt frei | 1 Letterman Drive | Muni 28 19th Avenue*

YOUNG PERFORMERS THEATRE
(136 A1) (*M* M2)

Sind Sie mit Kindern unterwegs, die etwas Englisch sprechen? Wie wäre dann ein Besuch im Kindertheater? Das Theater produziert etwa acht Stücke pro Jahr, darunter Klassiker wie *Aschenputtel* und *Charlie und die Schokoladenfabrik*. *Eintritt $ 10 | Fort Mason Center/Building C, Room 300 | Tel. 1 415 3 46 55 50 | www.ypt.org | Muni 30 Stockton*

EVENTS, FESTE & MEHR

In San Francisco ist es schwer, einen Tag zu finden, an dem nichts los ist. Hier folgen die besten Veranstaltungen und Feste. Eine ausführliche Liste erhalten Sie unter *sanfrancisco.travel/explore/events* oder unter *Tel. 1 415 3 91 20 04*.

VERANSTALTUNGEN

JANUAR
Das Jahr fängt lustig an mit dem **SF Sketchfest** (www.sfsketchfest.com): ein Comedy-Festival, das sich auch mal bis in den Februar erstreckt.

FEBRUAR
Chinesisches Neujahrsfest (www.chineseparade.com): eine Riesenparade in Chinatown mit tanzenden Drachen, Kapellen, Schönheitsköniginnen und ganz viel Feuerwerk

MÄRZ
Am 17. März ist **St. Patrick's Day**, der Nationalfeiertag der Iren: grün gefärbtes Bier und Parade auf der Market Street, Ausnahmezustand in irischen Bars

APRIL
Kirschblütenfest (www.nccbf.org): Mitte April wird das sonst eher schnöde Japantown in Pastellfarben getaucht und mit Paraden und Kunst verschönert.
San Francisco International Film Festival (www.sffs.org): kommerzielle und avantgardistische Neuproduktionen

MAI
Cinco de Mayo: Der Mission District feiert am 5. Mai den Tag der Unabhängigkeit Mexikos.
Am 3. Sonntag: Beim **Bay to Breakers** (www.baytobreakers.com) laufen rund 100 000 Teilnehmer 12,5 km vom Embarcadero zum Pazifik – viele in Kostümen, einige sogar nackt.

JUNI
★ **SF Pride Parade** (www.sfpride.org): eine Institution in San Francisco, der farbenfrohe Umzug beginnt am Ferry Building.

JULI
Fillmore Jazz Festival (www.fillmorejazzfestival.com): jährlich das größte kostenlose Jazzfestival der Westküste entlang der Fillmore Street
INSIDER TIPP ▶ **J-Pop Summit** (www.j-pop.com): japanische Pop-Kultur pur, mit Kunst, Modenschauen, Livemusik und einem Filmfestival

Anlässe zum Feiern gibt es viele: Gay Pride Parade, Jazzfestivals, junge Kunst und ein Wettlauf der Kostüme

AUGUST

Outside Lands *(sfoutsidelands.com)*: riesiges Musikfestival mit internationalen Top-Acts und Newcomern

INSIDER TIPP ***Nihonmachi Street Fair*** *(www.nihonmachistreetfair.org)*: Gefeiert wird mit authentischen Speisen, Musik und einer Misswahl beim asiatischen Straßenfest in Japantown.

SEPTEMBER

Folsom Street Fair *(www.folsomstreetfair.com)*: viel Leder und nackte Haut im SoMa

Ghirardelli Chocolate Festival *(www.ghirardelli.com)*: zwei süße Tage mit Musik, Eiswettessen und viel Schokolade

Jazz Festival *(www.sfjazz.org)*: ein Muss für alle Jazzfans vom September bis November (ganzjährig Extrakonzerte)

OKTOBER

Columbus Day *(www.sfcolumbusday.org)*: Anfang Oktober große italienische Parade mit Speis und Trank

INSIDER TIPP ***Hardly Strictly Bluegrass*** *(www.hardlystrictlybluegrass.com)*: Musik-Großereignis mit Stars wie Emmylou Harris und Buddy Miller – kostenlos

NOVEMBER

Weihnachtsbaumlichter-Entzünden, der größte Baum steht am Union Square.

FEIERTAGE

1. Jan.	New Year's Day
3. Mo im Jan.	Martin Luther King Jr. Day
3. Mo im Feb.	Presidents' Day
letzter Mo im Mai	Memorial Day
4. Juli	Independence Day
1. Mo im Sept.	Labor Day
2. Mo im Okt.	Columbus Day
11. Nov.	Veterans Day
4. Do im Nov.	Thanksgiving
25. Dez.	Christmas

LINKS, BLOGS, APPS & CO.

LINKS & BLOGS

www.7x7.com Web-Ausgabe des Hochglanzkultur- und -szenemagazins 7x7, die tagesaktuell über neue Restaurants, Bars und kulturelle Events berichtet

www.sfmuseum.org Virtuelles Stadtmuseum mit vielen Ausstellungen, etwa zum Goldrausch von 1849 und der Geschichte der Rockmusik in der Bay Area

www.visitsfbayarea.com Wer in San Francisco schon alles gesehen hat, bekommt hier einen Überblick über Sehenswertes in der ganzen Bay Area

www.carolpeters.net Website der Restaurantkritikerin und Jazzsängerin Carol Peters, die eine Dinner-Show bei sich daheim für 4–12 Gäste anbietet: Es gibt feine Speisen, ungewöhnliche Stadtgeschichten und romantische Musik

www.twitter.com/michaelbauer1 San Franciscos bekannter Restaurantkritiker Michael Bauer testet Restaurantneuheiten und -klassiker

www.thebolditalic.com Coole San-Francisco-Geschichten von ihren und über ihre nicht minder coolen Bewohner

www.sfbike.org und **sfbikeparty.wordpress.com** Was geht ab auf San Franciscos Straßen und Radwegen?

www.twitter.com/austinat Der Autor dieses Reiseführers twittert in Wort und Bild über Land und Leute

sfbay.craigslist.org Egal, ob Sie nach einer Mitfahrgelegenheit, ein Zimmer zur Untermiete, Kleidungsstücken oder Hausrat suchen – auf Craigslist finden Sie alles

www.yelp.com In San Francisco begann der Siegeszug der Yelper: ganz normalen Menschen, die 24 Stunden am Tag mal lustige, mal böse Kritiken über Geschäfte wie Friseursalons, Coffee-Shops und Restaurants verfassen

Egal, ob für Ihre Reisevorbereitung oder vor Ort: Diese Adressen bereichern Ihren Urlaub. Da manche sehr lang sind, führt Sie der short.travel-Code direkt auf die beschriebenen Websites. Falls bei der Eingabe der Codes eine Fehlermeldung erscheint, könnte das an Ihren Einstellungen zum anonymen Surfen liegen

www.meetup.com Sie möchten mit Ortsansässigen wandern gehen, Bier trinken, Filme gucken oder anderen Freizeitaktivitäten nachgehen? Auf Meetup gibt es viele Gruppen, die sich auf Gäste freuen

www.marcopolo.de/sanfrancisco Interaktive Karten inklusive Planungsfunktion, vielseitige Impressionen aus der Community, aktuelle News und Angebote ...

VIDEOS & MUSIK

short.travel/sfc1 und short.travel/sfc2 Eine faszinierende Fahrt entlang der Market Street der Jahre 1905 und 2005

short.travel/sfc3 Philip Bloom nutzte in „San Francisco's People" als einer der ersten Fotografen die Spiegelreflex- als Filmkamera

short.travel/sfc6 Audio- und Videobeiträge des nicht kommerziellen TV- und Radiosenders KQED zu allen nur erdenklichen Themen

www.pcrcollective.org Avantgarde aus dem Mission District: Die kommunale Radiostation Mutinity Radio sendet Musik, Gedichte, Comedy und Theater

short.travel/sfc8 News als Podcasts zur bunten Musikszene der Stadt

APPS

BART und Caltrain San Franciscans lieben ihr Smartphone so sehr wie den öffentlichen Nahverkehr. Da helfen diese Apps. Das kostenlose Routesy kombiniert sogar die Linien gleich mehrerer Verkehrsbetriebe

In-N-Out Burger Die App für Smartphone- und iPhone-Besitzer verrät, wo Sie den nächsten dieser urtypisch kalifornischen Fast-Food-Tempel mit Frischegarantie finden

Yelp Sie haben alle in diesem Band erwähnten Attraktionen abgeklappert, aber noch Urlaub übrig? Dann starten Sie die „Monocle"-Funktion von Yelp. Die App der gleichnamigen Website kombiniert darin einen Blick durch die Smartphonekamera mit einer Übersicht der Geschäfte, Restaurants und Sehenswürdigkeiten in unmittelbarer Nähe – fast wie in einem Science-Fiction-Film

Für den Inhalt der auf diesen Seiten genannten Adressen übernimmt der Verlag keine Verantwortung

PRAKTISCHE HINWEISE

ANREISE & ANKUNFT

Linienflüge aus dem Ausland und Charterflüge landen auf dem *San Francisco International Airport (SFO)* 25 km südlich von Downtown. Sie haben mehrere Möglichkeiten, in die Innenstadt zu gelangen.

Busse: Die *Super Shuttle* fahren etwa alle 20 Min. rund um die Uhr in die Innenstadt und halten dort an jedem gewünschten Ziel. Das kann jedoch dauern, weil bis zu neun Personen an Bord sein können. Preis: $ 17. Der öffentliche *Sam-Trans-Bus* hat Verbindung zum Transbay Terminal an der Ecke Howard und Main Street in Downtown: die Route KX. Seit 2013 nehmen die Busse auch wieder Ihr Gepäck mit. Preis: $ 5 bzw. $ 2,50.

Taxis: Der Fahrpreis nach Downtown beträgt circa $ 55.
Leihwagen: Die *Blue Line* des vollautomatischen, kostenlosen *AirTrains* bringt Sie 24 Stunden am Tag in 15 Minuten vom Terminal zum Leihwagenzentrum.
Bart-Schnellbahn: Auch die Bahn verbindet den Flughafen mit der Innenstadt. Für derzeit $ 8,65 kommen Sie vom Terminal direkt in die Innenstadt. Aktuelle Fahrpläne und iPhone-App unter: *www.bart.gov*.

Die Fernverkehrsbusse von *Greyhound/Trailways* kommen am Transbay Terminal an der Ecke Folsom und Main Street an.

Von Süden: Auf US Highway 101 oder Interstate I-280, auf I-5 zur I-580 und I-80, auf Route 1 direkt. Von Osten: I-580 oder I-80 zur Bay Bridge. Von Norden: Auf US 101 zur Golden Gate Bridge.

GRÜN & FAIR REISEN

Auf Reisen können auch Sie viel bewirken. Behalten Sie nicht nur die CO_2-Bilanz für Hin- und Rückreise im Hinterkopf *(www.atmosfair.de; de.myclimate.org)* – etwa indem Sie Ihre Route umweltgerecht planen *(www.routerank.com)* –, sondern achten Sie auch Natur und Kultur im Reiseland *(www.gate-tourismus.de; www.ecotrans.de)*. Gerade als Tourist ist es wichtig, auf Aspekte wie Naturschutz *(www.nabu.de; www.wwf.de)*, regionale Produkte, wenig Autofahren, Wassersparen und vieles mehr zu achten. Wenn Sie mehr über ökologischen Tourismus erfahren wollen: europaweit *www.oete.de*; weltweit *www.germanwatch.org*

AUSKUNFT VOR DER REISE

DISCOVER AMERICA
Die offizielle Reise- und Tourismus-Website der USA lässt fast keine Fragen offen, interaktive Karten inklusive: *www.discoveramerica.com*.

AUSKUNFT VOR ORT

SAN FRANCISCO VISITOR INFORMATION CENTER (136 C5) (*P6*)
Das städtische Informationsbüro an der Hallidie Plaza weiß auf alle Besucherfragen eine kompetente Antwort. *900 Market Street | Tel. 1 415 3 91 20 00 | sanfrancisco.travel*

Von Anreise bis Zoll

Urlaub von Anfang bis Ende: die wichtigsten Adressen und Informationen für Ihre San-Francisco-Reise

VISIT USA COMMITTEE GERMANY E.V.
Ein nicht staatlicher Zusammenschluss von Reise- und Fremdenverkehrsexperten, der auf seiner Website *www.vusa-germany.de* zahlreiche Kontaktinformationen von Fluglinien, Hotelketten, Reiseveranstaltern, Mietwagenanbietern, US-Bundesstaaten, -Regionen und -Städten sowie aktuelle Einreisebestimmungen aufführt.

AUTO

Autoverleiher sind am Flughafen und mit mehreren Büros in der Stadt vertreten. Sie benötigen Führerschein und Kreditkarte. Auch wer mit Voucher bezahlt, muss eine Kreditkarte als Sicherheit hinterlegen. Verkehrsregeln: Es herrscht Anschnallpflicht. Die Promillegrenze liegt bei 0,8. Bei Rot darf nach einem Stopp vor der Ampel rechts abgebogen werden. Cable Cars haben immer Vorfahrt, Fußgänger auch.

Übrigens: Viele Parkuhren lassen sich per Smartphone-App füttern. An Bushaltestellen und Hydranten ist das Parken streng verboten. Den Rest regeln farbige Markierungen am Bordstein. Rot: Halteverbot. Gelb: Ladezone. Gelb und schwarz: Ladezone nur für LKW. Grün: Kurzzeitparken (Schild beachten). Weiß: 5 Min. Parken während der Geschäftszeit. Weil die ohnehin schon hohen Parkgebühren stetig ansteigen, akzeptieren viele Parkuhren inzwischen Kreditkarten. Hotels verlangen fürs Parken oft bis zu $ 40, $ 50 pro Nacht – hier lohnt es sich, selbst nach bewachten Parkplätzen oder einem Parkplatz auf der Straße zu fahnden. Eine Hilfe kann *sanfrancisco.bestparking.com* sein. Obacht: Steht Ihr Fahrzeug in Stoßzeiten dem Bus oder einer frühmorgendlichen Straßenreinigung im Weg, drohen Strafzettel bzw. Abschleppwagen. Schilder am Straßenrand beachten!

WAS KOSTET WIE VIEL?

Snack	6,50 Euro *für ein Sandwich*
Wein	5–7 Euro *für ein Glas*
Caffè Latte	3,20 Euro *für einen mittelgroßen Becher*
Postkarte	0,92 Euro *für eine Postkarte samt Porto*
Jeans	25–55 Euro *für eine Levi's 501*
Cable Car	4,80 Euro *für eine einfache Fahrt*

DIPLOMATISCHE VERTRETUNGEN

DEUTSCHES GENERALKONSULAT
(136 B3) (*M4*)
1960 Jackson Street | Tel. 1 415 775 10 61 | short.travel/sfc4

ÖSTERREICHISCHES KONSULAT
(137 D3) (*P4*)
580 California Street | Suite 1500 | Tel. 1 415 765 95 76 | www.austrianconsulatesf.org

SCHWEIZERISCHES GENERALKONSULAT (137 D4) (*Q4*)
456 Montgomery Street | Suite 1500 | Tel. 1 415 788 22 72 | www.eda.admin.ch/sf

EINREISE

Einreisende brauchen einen maschinenlesbaren Pass (auch Minderjährige) und müssen sich vor der Einreise online registrieren: *https://esta.cbp.dhs.gov*. Dabei wird eine Einreisegebühr von $ 14 fällig, die nur mit Kreditkarte bezahlt werden kann. Wer keine Kreditkarte besitzt, kann die Gebühr auch von Dritten bezahlen lassen. Bleiben Sie mehr als drei Monate, ist ein Visum erforderlich. Informieren Sie sich unbedingt über den aktuellen Stand der Einreisebestimmungen, so im Internet unter *www.dhs.gov*.

WÄHRUNGSRECHNER

€	USD	USD	€
1	1,10	1	0,90
2	2,20	2	1,80
3	3,30	3	2,70
5	5,50	5	4,50
7	7,70	7	6,30
10	11,00	10	9,00
25	27,50	25	22,50
75	82,50	75	67,50
100	110,00	100	90,00

GELD

1 Dollar = 100 Cent. Scheine *(bills)* gibt's in den Werten 1, 2, 5, 10, 20, 100 Dollar. Münzen *(coins)* in den Werten: *penny* (1 Cent), *nickel* (5 Cent), *dime* (10 Cent), *quarter* (25 Cent), *buck* (1 Dollar). Populärstes Zahlungsmittel: Kreditkarten (American Express, Mastercard, Visa). Ebenfalls möglich: Bargeldabhebung vom Geldautomaten per EC-Karte. Wer ein Konto bei der Deutschen Bank hat, kann mit seiner Girobankkarte an allen Bankautomaten der Bank of America ohne Aufschlag Geld abheben. Travellercheques als Zahlungsmittel werden überall akzeptiert, und man bekommt Bares als Wechselgeld zurück. Europäisches Bargeld wird am Flughafen, in Hotels und in großen Banken gewechselt, aber zu schlechtem Kurs. Viele kleinere Läden akzeptieren keine Geldscheine über $ 20. Also klein tauschen!

GESUNDHEIT

Die Notaufnahmeabteilungen der Krankenhäuser, mit *Emergency Room* außen deutlich beschildert, helfen bei akuten Notfällen weiter. Übliche Praxis: Das Personal verlangt vor der Behandlung eine Kreditkarte. Schließen Sie in jedem Fall eine Reisekrankenversicherung ab.
Saint Francis Memorial Hospital (900 Hyde Street | Tel. 1 415 3 53 60 00). Deutschsprachige Ärzte empfiehlt die *San Francisco Medical Society (Tel. 1 415 5 61 08 50 | www.sfms.org)*, Zahnärzte die *San Francisco Dental Society (Tel. 1 415 9 28 73 37 | www.sfds.org)*.

INTERNETCAFÉS & WLAN

San Francisco gilt als die amerikanische Internethauptstadt: Entlang der Market Street zwischen Embarcadero und Castro Street sowie in manchen Parks können Sie kostenlos dem städtischen WLAN *SFWiFi* beitreten. Auch ist der Internetzugang im Flughafen und den meisten Cafés kostenlos. Hotels kassieren oft noch eine Tagesgebühr. Wer sich die sparen will, sollte im *Apple Store (1 Stockton Street)* oder an den Terminals der *Public Library (100 Larkin Street)* online gehen. Beliebte Internetcafés mit Gratis-WLAN:
– *The Quetzal (1234 Polk Street)*: eigene Kaffeerösterei, leckeres Frühstück
– *Grandma's Deli & Café (1551 Mission Street)*: viele frische Fruchtsäfte und große Portionen

PRAKTISCHE HINWEISE

– *Westfield Centre (865 Market Street)*: denn was die wenigsten wissen: Gratis-Internet im Einkaufszentrum

MASSE & GEWICHTE

1 inch = 2,54 cm, 1 foot = 30,48 cm, 1 mile = 1,6 km, 1 acre = 0,4 ha, 1 gallon = 3,79 l, 1 pint = 0,47 l, 1 pound = 453,6 g
Faustregel zum Umrechnen der Temperaturen: °C = °F minus 30 geteilt durch 2. Das bedeutet: 0 °C = 32 °F, 10 °C = 50 °F, 20 °C = 68 °F, 30 °C = 86 °F, 40 °C = 104 °F
Bekleidung: Bei Damen entspricht US-Größe 4 der deutschen 34, 6 = 36, 8 = 38 etc., für Herren: 36 = 46, 38 = 48 etc.

NOTRUF

Notfälle aller Art: Tel. 911
Krankenwagen: Tel. 1 415 9 31 39 00
Polizei: Tel. 1 415 5 53 01 23
Oder: 0 für den Operator

ÖFFENTLICHE VERKEHRSMITTEL

San Francisco ist stolz auf sein gut ausgebautes Nahverkehrsnetz. Das System besteht aus vier Teilen:
Cable Car: Die Cable Cars fahren auf drei Routen: Powell/Hyde, Powell/Mason und California Street.
Muni Bus: Busse stellen das beste öffentliche Verkehrsmittel der Innenstadt dar. Fragen Sie den Busfahrer nach der geeigneten Haltestelle. Weiße Schrift auf schwarzem Grund auf dem Schild vorne am Bus: *Local Service* – hält an jeder Haltestelle. „X": *Express* – nur zur Rushhour und hält nicht überall. „L": *Limited* – hält nicht überall.
Muni Metro: Teils unterirdisch, teils oberirdisch verlaufende Straßenbahn, deren Linien zunächst alle die Market Street hinunterfahren, sich dann aber in Richtung Südwesten trennen. Sie sparen bares Geld mit einem **INSIDER TIPP** *Muni Pass*, der 1/3/7 Tage oder einen Monat gilt. Pässe gibt es in vielen Verkaufsstellen *(Info: short. travel/sfc7 | Tel. 311 (nur in SF) | 1 415 7 01 23 11)*.
Bart: Eine Schnellbahn, die San Francisco mit der East Bay der Peninsula und dem Flughafen verbindet.

ÖFFNUNGSZEITEN

In San Francisco gibt es fast keine Einschränkungen der Öffnungszeiten, viele Geschäfte sind sogar an den wichtigsten offiziellen Feiertagen nicht geschlossen.

POST

Postämter haben Mo–Fr 8–18 Uhr geöffnet, größere auch Sa 8–15 Uhr. Das Porto für Luftpostbriefe und Postkarten nach Europa beträgt $ 1,15.

SICHERHEIT

Wie jede amerikanische Stadt hat San Francisco bestimmte Viertel und Straßenzüge, die Sie am besten meiden sollten. Sparen Sie sich einen Ausflug allein ins Tenderloin-Viertel nördlich des Civic Center. Ebenfalls sollten Sie Teile des Western Addition zwischen Van Ness Avenue und Fillmore Street meiden. Dort befinden sich zahlreiche *housing projects*, vergitterte Wohnanlagen, die immer wieder für sozialen Brennstoff in der Stadt sorgen.

STADTRUNDTOUREN

AUF ZWEI BIS SECHS RÄDERN

Die 3,5 Stunden lange Rundfahrt von *All San Francisco Tours ($ 55 | www. allsanfranciscotours.com)* bringt Sie zu den wichtigsten Attraktionen der Stadt. Eine „Hop-on-hop-off"-Tour in einem Doppeldeckerbus *($ 25)* erlaubt Ihnen das Aussteigen und Erkunden im eigenen Tempo. Eine solche Tour mit einer zwei Tage gültigen Fahrkarte *($ 48)* bietet auch *Extranomical Adventures (www.extranomical.com)* an.

Ausgefallen: die sechsrädrigen Amphibienfahrzeuge von *Ride the Ducks ($ 35 | sanfrancisco.ridetheducks.com)*, von denen aus Sie North Beach, Downtown und Fisherman's Wharf zu Lande und zu Wasser erkunden. In einem Feuerwehr-Oldtimer geht es mit der INSIDER TIPP *Fire Engine Tour (www.fireenginetour.com | $ 50)* über die Golden Gate Bridge.

Wer selbst gern lenkt, für den ist ein dreirädriges *GoCar (www.gocartours.com | ab $ 54)* ideal. In grellgelben, straßentauglichen Cabrio-Blechkisten fahren ein oder zwei Personen GPS-geleitet sogar mit deutscher Ansage durch die Stadt. Auf zwei Rändern machen Sie drei Stunden lang per *Segway-Roller ($ 70 | www.electrictourcompany.com)* die Gegend um Fisherman's Wharf und North Beach unsicher.

FÜR FUSSGÄNGER

Kostenlose Insider-Touren? Die 🟢 *San Francisco City Guides* sind ortsansässige Stadtliebhaber, die Ihnen Art-déco-Gebäude in der Marina, Wandmalereien in der Mission oder Erdbebengeschichten in der Innenstadt vorstellen. Eine Anmeldung ist nicht erforderlich, aktuelle Tourinfos gibt's unter *www.sfcityguides.org*. Gleich zwei Spaziergänge widmen sich den viktorianischen Gebäuden der Stadt: die *Haight-Ashbury Walking Tour ($ 20 | www.haightashburytour.com)* sowie der *Victorian Home Walk ($ 25 | www.victorianhomewalk.com)*. Letzere führt sogar in Viertel, die für Tourbusse verboten sind.

Grusel und Geschichte kombinieren die *San Francisco Ghost Hunt ($ 20 | www.sfghosthunt.com)*, bei der Sie in alten Hotels und vor viktorianischen Häusern auf Geisterjagd gehen. 90 Minuten dauert Deleano Seymours kostenlose INSIDER TIPP *Tenderloin Walking Tour (tlwalkingtours.com)*: Suppenküchen, Storys und Anekdoten des einst edlen Stadtteils.

STROM

Für amerikanische Steckdosen benötigen Sie einen Adapter. Zudem muss Ihr Gerät auf 110 Volt/60 Hertz umstellbar sein.

TAXI

Preise: *$ 3,50* Grundgebühr und *$ 2,75* für jede Meile. Die Fahrer erwarten ein Trinkgeld. Telefonbestellungen: *Arrow Checker Cab (Tel. 1 415 2 85 38 00), Desoto Cab Co (Tel. 1 415 9 70 13 00), Veteran's Cab (Tel. 1 415 3 21 82 94), Yellow Cab (Tel. 1 415 3 33 33 33)*

TELEFON & HANDY

Ortsgespräche kosten 50 Cent. Bei Ferngesprächen suchen Sie sich besser Telefone mit Kreditkartenbezahlung. Am günstigsten sind *prepaid phone cards*, die Sie in Drugstores, Tankstellen und Supermärkten bekommen. Bei Gesprächen innerhalb der Stadt wird die im Band vermerkte nationale Vorwahl 1 nicht gewählt, bei Ferngesprächen wählen Sie wie angegeben: 1 + *area code* (dreistellige Vorwahl) + siebenstellige Nummer. Aus USA Vorwahl nach Deutschland: 01149, Österreich: 01143, Schweiz: 01141; danach die Ortsnetzkennzahl ohne 0 und die Nummer. Wenn Sie ein Triple-Band-Handy besitzen, das die amerikanische Frequenz (1900 MHz)

PRAKTISCHE HINWEISE

unterstützt, sollten Sie sich eine *prepaid Globalsim SIM card* für Ihr Handy kaufen. Das ist günstiger als die teuren Roaminggebühren deutscher Mobilfunkunternehmen.

Um die in diesem Band aufgeführten Telefonnummern von außerhalb der USA zu erreichen, wählen Sie die Vorwahlen für die USA und San Francisco: *001415*, gefolgt von der siebenstelligen Nummer.

ZEIT

San Francisco liegt in der *Pacific Time Zone:* mitteleuropäische Zeit minus 9 Stunden. Beginn und Ende der offiziellen Sommerzeit: zwischen März und November.

ZOLL

Zollfrei bei der US-Einreise sind: 1 l Spirituosen, 200 Zigaretten und Geschenke bis zu $100. Ein Einfuhrverbot herrscht für Gemüse, Obst, Fleisch, Milch und Pflanzen und Samen.

In die EU zollfrei einführen dürfen Sie: 1 l Spirituosen oder 2 l Wein, 200 Zigaretten. Parfüm und Eau de Toilette gehören zu sonstigen Waren, deren Wert 430 Euro nicht überschreiten darf *(www.zoll.de)*.

TRINKGELD

Alle Leute, die Dienstleistungen erbringen, leben fast ausschließlich von ihrem Trinkgeld *(tip):* Barkeeper: $1 pro Drink, Hotelpagen: $2–5, Kellner: 15–20 Prozent, Portiers: mindestens $1 pro Gepäckstück, *Valets* (Autoparker): $1–2 für das Parken/Holen des Wagens, Zimmermädchen: $2–5 pro Tag.

WETTER IN SAN FRANCISCO

	Jan.	Feb.	März	April	Mai	Juni	Juli	Aug.	Sept.	Okt.	Nov.	Dez.
Tagestemperaturen in °C	13	15	16	17	17	18	18	18	20	20	18	14
Nachttemperaturen in °C	7	8	9	10	11	12	12	12	13	12	10	8
Sonnenschein Stunden/Tag	5	7	8	9	10	11	9	8	9	8	6	5
Niederschlag Tage/Monat	8	7	8	6	2	1	0	0	0	2	7	8
Wassertemperaturen in °C	11	11	12	12	13	14	15	15	16	15	13	11

SPRACHFÜHRER ENGLISCH

AUSSPRACHE

Zur Erleichterung der Aussprache sind alle Begriffe und Wendungen mit einer einfachen Umschrift in eckigen Klammern versehen. Folgende Zeichen sind Sonderzeichen:

ө wie [s], gesprochen nur mit der Zungenspitze zwischen den Zähnen
ə nur angedeutetes „e" wie am Ende von „Bitte", immer ohne Betonung
' Betonung liegt auf der folgenden Silbe

AUF EINEN BLICK

ja/nein/vielleicht	yes [jess]/no [nou]/maybe ['meybih]
bitte/danke	please [plihs]/thank you ['ɵänkju]
Entschuldige!	Sorry! [ssorri]
Entschuldigen Sie!	Excuse me, please! [iks'kjuhs mih, plihs]
Darf ich ...?	May I ...? [mey ai?]
Wie bitte?	Pardon? ['pahdn?]
Ich möchte .../ Haben Sie ...?	I'd like to ... [aid laik tu ...]/ Do you have ...? [dju häf ...]
Wie viel kostet ...?	How much is ...? ['hau matsch is ...]
Das gefällt mir/nicht.	I love it. [ai laf it]/I don't like it. [ai dount laik it]
gut/schlecht	good [gud]/bad [bäd]
kaputt/funktioniert nicht	broken/doesn't work [broukən/dasnt wöək]
(zu) viel/wenig	(too) much [(tuh) matsch]/(too) little [(tuh) litl]
Hilfe!/Achtung!/Vorsicht!	Help!/Watch out!/Caution! [hälp][watsch aut][kahschn]
Krankenwagen/Notarzt	ambulance ['ämbjuləns]/paramedics [pärə'mediks]
Polizei/Feuerwehr	police [po'lihs]/fire department [faiə depahtment]
Gefahr/gefährlich	danger ['deyndschə]/dangerous ['deyndschərəs]

BEGRÜSSUNG & ABSCHIED

Gute(n) Morgen!/Tag!/ Abend!/Nacht!	Good morning! [gud 'moəning]/day! [dey]/ evening! ['ifning]/night! [nait]
Hallo!/Auf Wiedersehen!	Hi! [hai]/(Good) Bye! [(gud) bai]
Tschüss!	See you! [ssih juh]
Ich heiße ...	I'm ... [aim ...]/My name is ... [mai 'näims ...]
Wie heißt du/heißen Sie?	What's your name? [wots joə 'näim]
Ich komme aus ...	I'm from ... [aim from ...]

Do you speak American English?

„Sprichst du Englisch?" Dieser Sprachführer hilft Ihnen, die wichtigsten Wörter und Sätze auf Englisch zu sagen

DATUMS- & ZEITANGABEN

Montag/Dienstag	Monday ['mandey]/Tuesday ['tjunsdey]
Mittwoch/Donnerstag	Wednesday ['wensdey]/Thursday ['eöəsdey]
Freitag/Samstag	Friday ['fraidey]/Saturday ['ssätədey]
Sonntag/Feiertag	Sunday ['ssandey]/holiday ['holicey]
heute/morgen/ gestern	today [tə'dey]/tomorrow [tə'morou]/ yesterday ['jestədey]
Stunde/Minute	hour ['auə]/minute ['minit]
Tag/Nacht/Woche	day [dey]/night [nait]/week [wi:k]
Wie viel Uhr ist es?	What time is it? [wət 'taim is it]
Es ist drei Uhr.	It's three o'clock. [its erih əklok]

UNTERWEGS

offen/geschlossen	open [oupən]/closed [klousd]
Eingang/Ausgang	entrance ['entrənts]/exit ['eksit]
Ankunft/Abflug	arrival [ə'raiwl]/departure [di'pahtschə]
Toiletten/Damen/Herren	restrooms ['restruhms]/ladies [lɛydihs]/men [men]
(kein) Trinkwasser	(no) drinking water [(nou) drinkin wohtə]
Wo ist ...?/Wo sind ...?	Where is ...? [weə is ...]/Where are ...? [weə ah ...]
links/rechts	left [läft]/right [rait]
geradeaus/zurück	straight ahead [sstreyt ə'hed]/back [bäck]
nah/weit	close [klous]/far [fah]
Taxi	Taxi [taksi]/cab [käb]
Bushaltestelle/Taxistand	bus stop [bass sstop]/cab stand [käb sständ]
Parkplatz/ Parkhaus	parking lot ['pahkin lot]/ parking garage ['pahkin ga'rahsch]
Stadtplan/Landkarte	city map ['ssiti mäp]/road map [roud mäp]
Bahnhof/Hafen	train station [treyn ssteyschn]/harbor ['hahbə]
Flughafen	airport ['eahpoət]
Fahrplan/Fahrschein	timetable [taimteybl]/ticket ['tiket]
Zuschlag	additional fare [ə'dischənəl fəah]
einfach/hin und zurück	one way [wan wey]/round trip [raund trip]
Ich möchte ... mieten.	I want to rent ... [ai wont tu rent ...]
ein Auto/ein Fahrrad	a car [ə kah]/a bike [ə baik]
ein Boot	a boat [ə bout]
ein Wohnmobil	a motorhome [ə 'moutəhoum]/ RV (recreational vehicle) [ar'wih]
Tankstelle	gas station [gäss ssteyschn]
Benzin/Diesel	gas [gäss]/diesel [dihsl]
Panne/Werkstatt	breakdown ['breykdaun]/repair shop [ri'peə schop]

ESSEN & TRINKEN

Reservieren Sie uns bitte für heute Abend einen Tisch für vier Personen.	Would you please make a reservation for a table of four for tonight? [wud ju plihs meyk ə 'resəveyschən foə ə 'teybl əf 'foə foh tunait]
Die Speisekarte, bitte.	The menue, please. [ðe menju plihs]
Könnte ich ... haben?	Could I please have ...? [kud ai plihs häf ...]
Vegetarier(in)/Allergie	vegetarian [wedsche'tərian]/allergy ['älədschi]
Ich möchte zahlen, bitte.	Could I have the check, please? [kud ai häf ðə tschek plihs]

EINKAUFEN

Wo finde ich ...?	Where would I find ...? ['weə wud ai 'faind ...]
Ich möchte .../	I'd like ... [aid laik ...]/
Ich suche ...	I'm looking for ... [aim luking foə ...]
Apotheke/Drogerie	pharmacy ['fahməssi]/drugstore ['dragstoə]
Einkaufszentrum	shopping center ['schopping 'ssentə]
teuer/billig/Preis	expensive [iks'penssif]/cheap [tschihp]/price [praiss]
mehr/weniger	more [moə]/less [less]
aus biologischem Anbau	organically grown [or'gänikəli groun]

ÜBERNACHTEN

Ich habe ein Zimmer reserviert.	I've reserved a room. [aif ri'söəvd ə ruhm]
Haben Sie noch ein ...?	Do you still have a ...? [du ju sstil häf ə]
Einzelzimmer	single room [ssingl ruhm]
Doppelzimmer	room for two [ruhm foə tuh]
(Wohnmobil-)Stellplatz	stall [sstal]/space [sspeyss]
Frühstück/Halbpension	breakfast ['brekfəst]/half board [haf boərd]
Vollpension	full board [ful boərd]
zum Meer/zum See	oceanfront [ouschnfrant]/lakefront [leykfrant]
Dusche/Bad	shower [schauə]/bathtub [bäətjub]
Balkon/Terrasse	balcony ['bälkoni]/terrace ['terəss]
Schlüssel/Zimmerkarte	key [kih]/room access card [ruhm 'äksess kard]
Gepäck/Koffer/Tasche	luggage ['lagitsch]/suitcase ['ssuhtkeys]/bag [bäg]

BANKEN & GELD

Bank/Geldautomat	bank [bänk]/ATM [ey ti em]
Geheimzahl	pin code [pin koud]
Ich möchte ... Euro wechseln.	I'd like to change ... Euro. [aid laik tə tscheynsch ... jurou]
bar/Kreditkarte	cash [käsch]/credit card [kredit kard]
Banknote/Münze	bill [bil]/coin [koin]

SPRACHFÜHRER

GESUNDHEIT

Arzt/Zahnarzt/Kinderarzt	doctor ['doktə]/dentist ['dentist],/pediatrician [pedia'trischən]
Krankenhaus/Notfallpraxis	hospital ['hospitl]/emergency clinic [i'mertschənsi 'klinik]
Fieber/Schmerzen	feaver [fihvə]/pain [peyn]
Durchfall/Übelkeit	diarrhea [daiə'ria]/sickness ['ssikness]
Sonnenbrand/-stich	sunburn ['ssanbörn]/heatstroke [hihtstrouk]
Rezept	prescription [prəs'kripschən]
Schmerzmittel/Tablette	pain killer [peyn kilə]/pill [pill]

TELEKOMMUNIKATION & MEDIEN

Briefmarke/Brief	stamp [sstämp]/letter ['lettə]
Postkarte	postcard ['poustkahd]
Ich brauche eine Telefonkarte für Ferngespräche.	I need a phone card for long distance calls. [ai nihd ə foun kahd for long disstants kahls]
Ich suche eine Prepaid-Karte für mein Handy.	I'm looking for a prepaid-card for my cell phone. [aim luking foə a foun kahd foə mai ssell foun]
Wo finde ich einen Internetzugang?	Is there internet access here somewhere? [is ðea 'internet 'äksess hiə 'ssamwea]
Brauche ich eine spezielle Vorwahl?	Do I need a special area code? [duh ai nihd a 'speschəl ärea koud]
Steckdose/Adapter/Ladegerät	wall plug [wahl plag]/adapter [ə däptə]/charger [tschatschə]
Computer/Batterie/Akku/WLAN	computer/battery/rechargable battery['bäteri] [re'tschahtschablə bäteri]/Wi-Fi ['waifai]

FREIZEIT, SPORT & STRAND

Strand	beach [bihtsch]
Sonnenschirm/Liegestuhl	sun shade [ssan scheyd]/beach chair [bihtsch tschea]
Fahrrad-/Mofa-Verleih	bike ['baik]/scooter rental ['skuhtə rentəl]
Vermietladen	rental shop [rentəl schop]
Übungsstunde	lesson ['lessən]

ZAHLEN

1/2	a/one half [ə/wan 'hahf]		200	two hundred ['tuh 'handrəd]
1/4	a/one quarter [ə/wan 'kwohtə]		1000	(one) thousand [('wan) əausənd]
10	ten [tän]		2000	two thousand ['tuh əausənd]
20	twenty ['twänti]		5000	five thousand [faiw əausənd]
100	(one) hundred [('wan) 'handrəd]		10 000	ten thousand ['tän əausənd]

CITYATLAS

▬ Verlauf der Erlebnistour „Perfekt im Überblick"
▬ Verlauf der Erlebnistouren

Der Gesamtverlauf aller Touren ist auch in
der herausnehmbaren Faltkarte eingetragen

Bild: Financial District

Unterwegs in San Francisco

Die Seiteneinteilung für den Cityatlas finden Sie auf dem hinteren Umschlag dieses Reiseführers

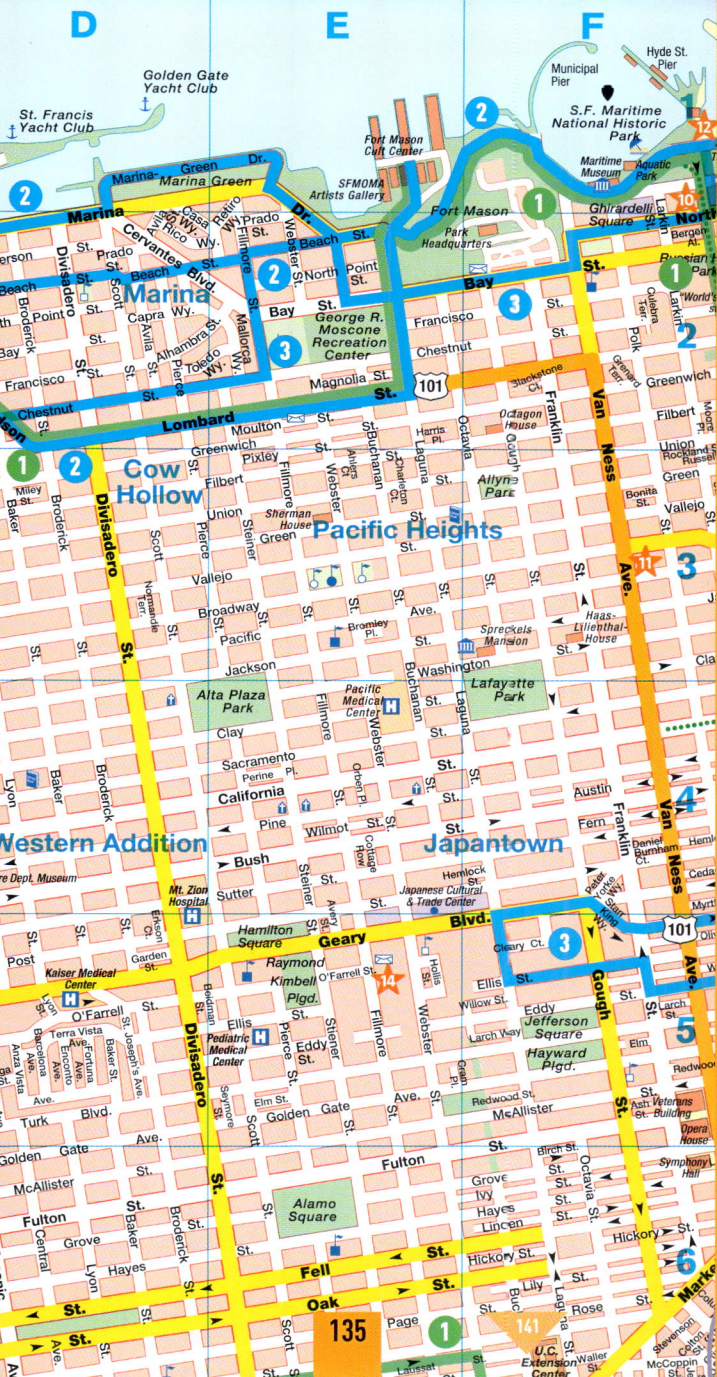

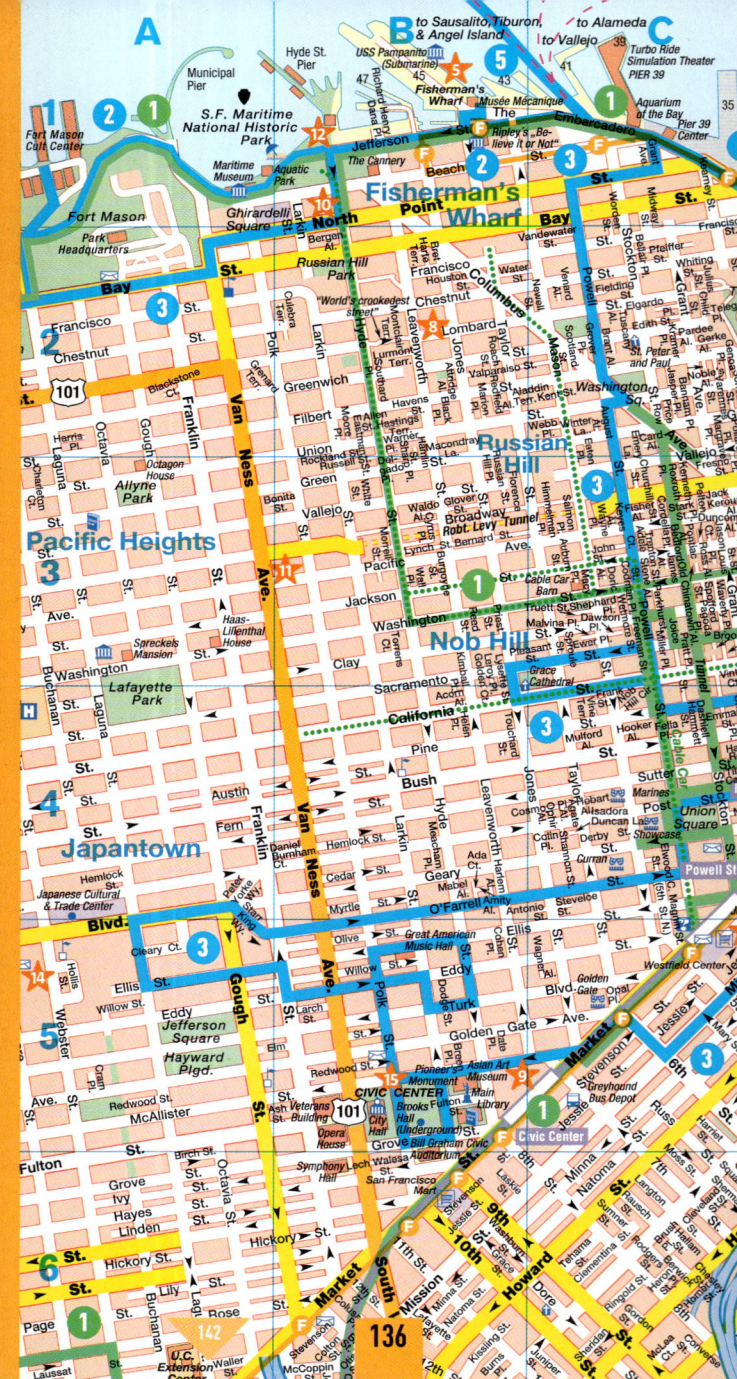

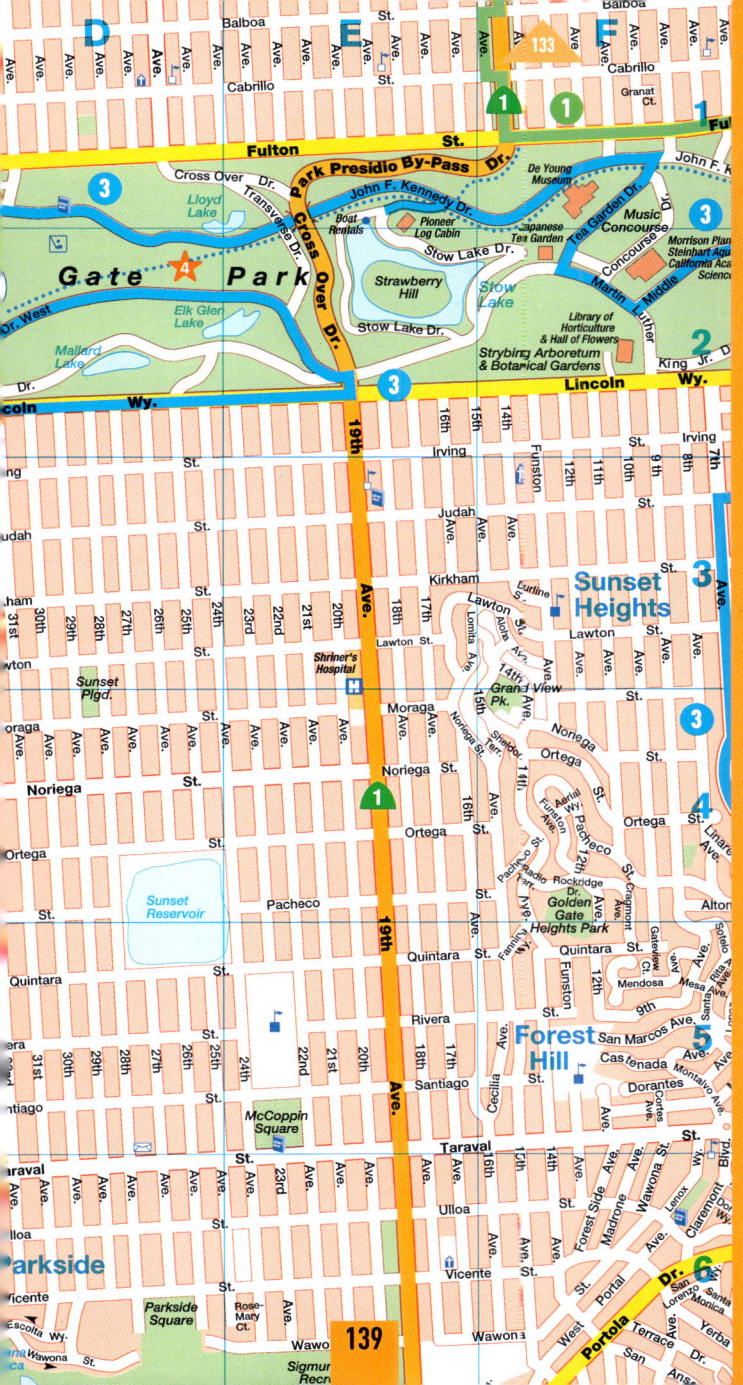

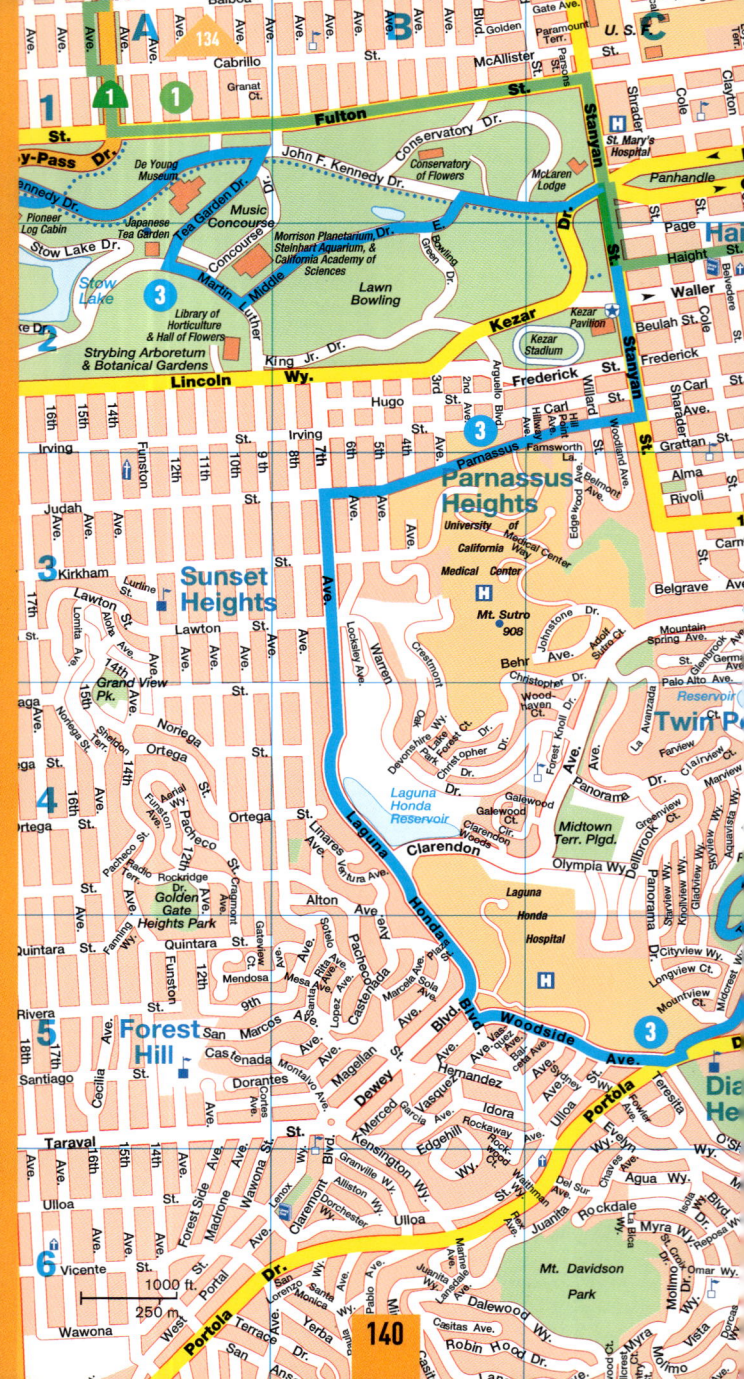

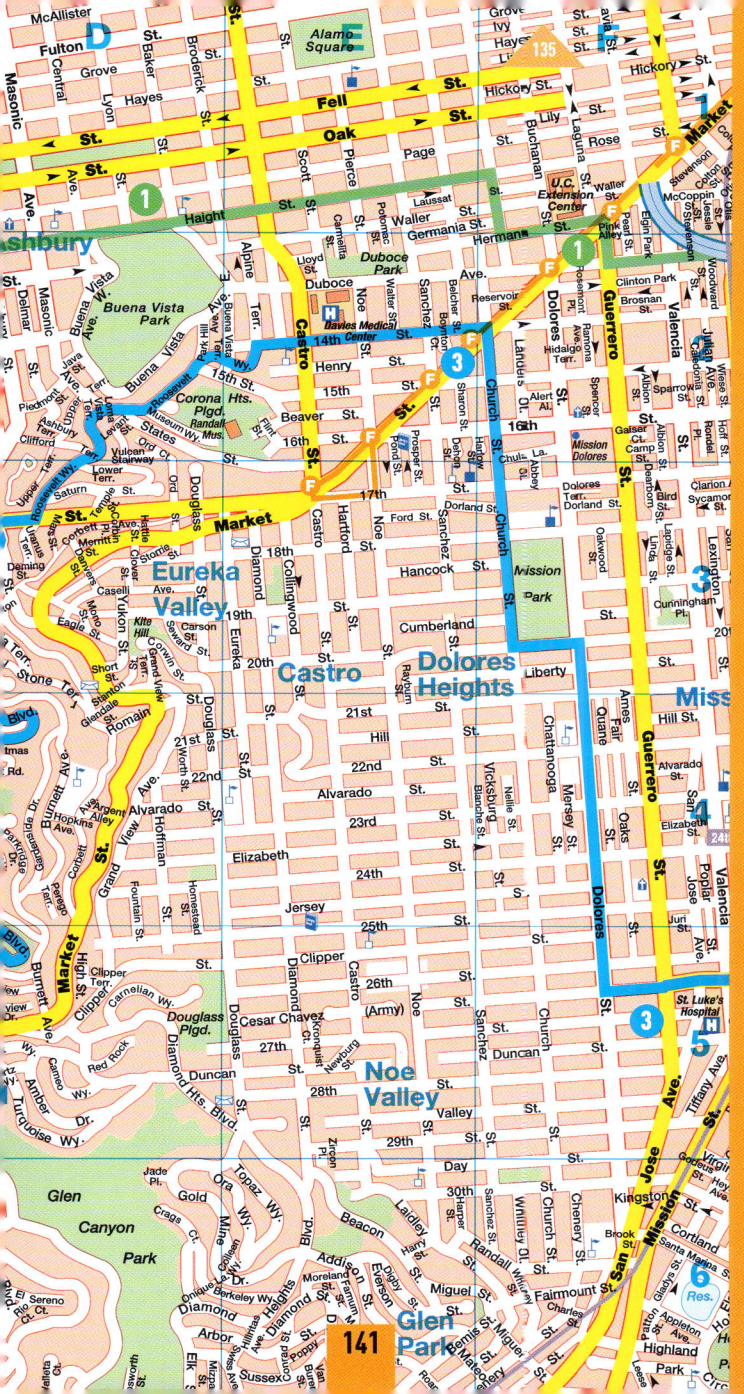

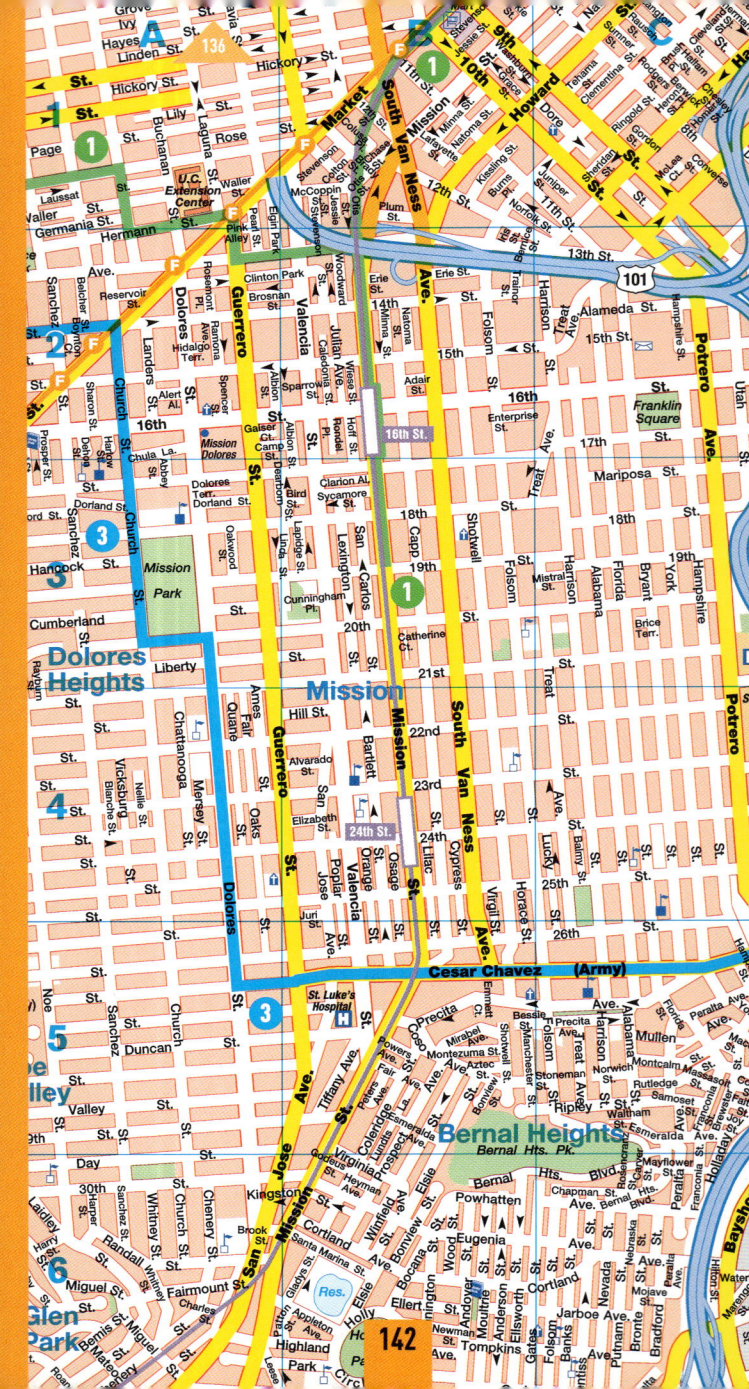

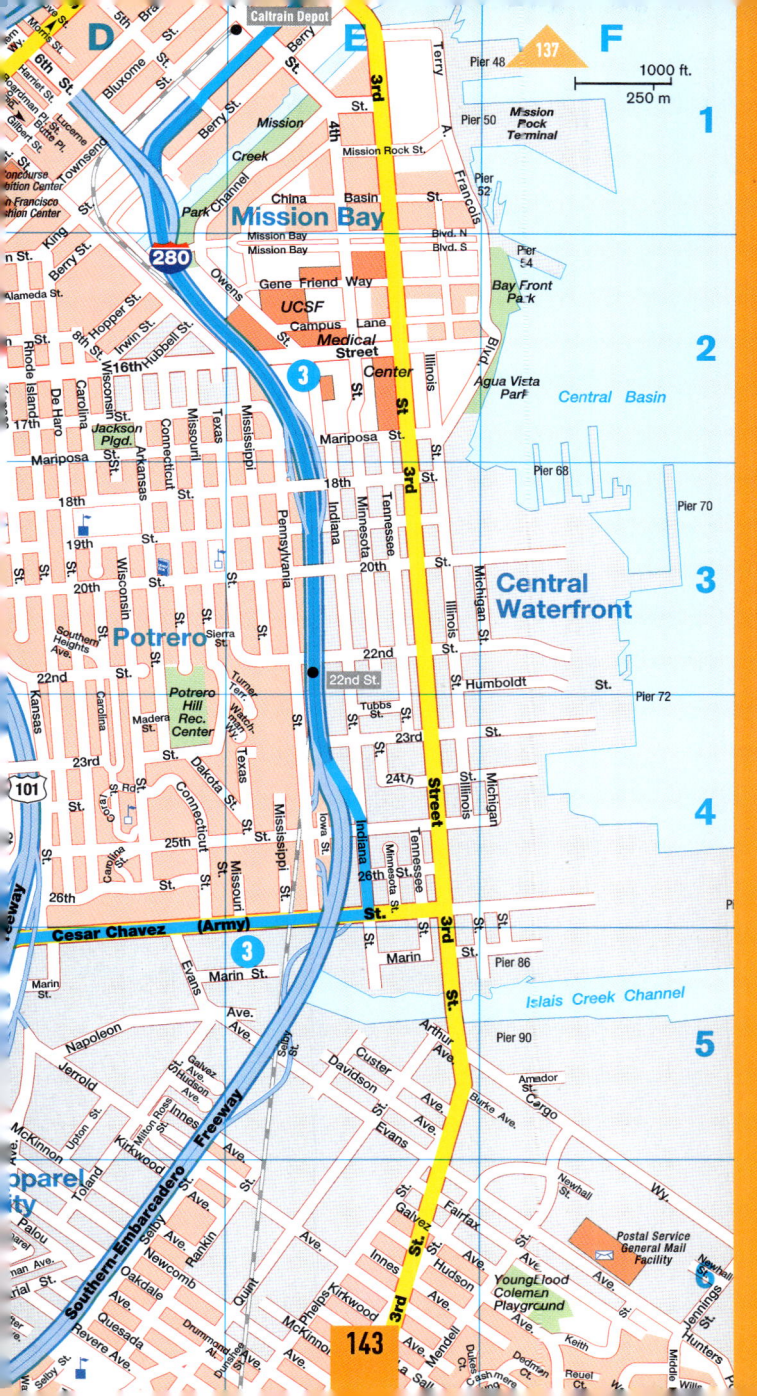

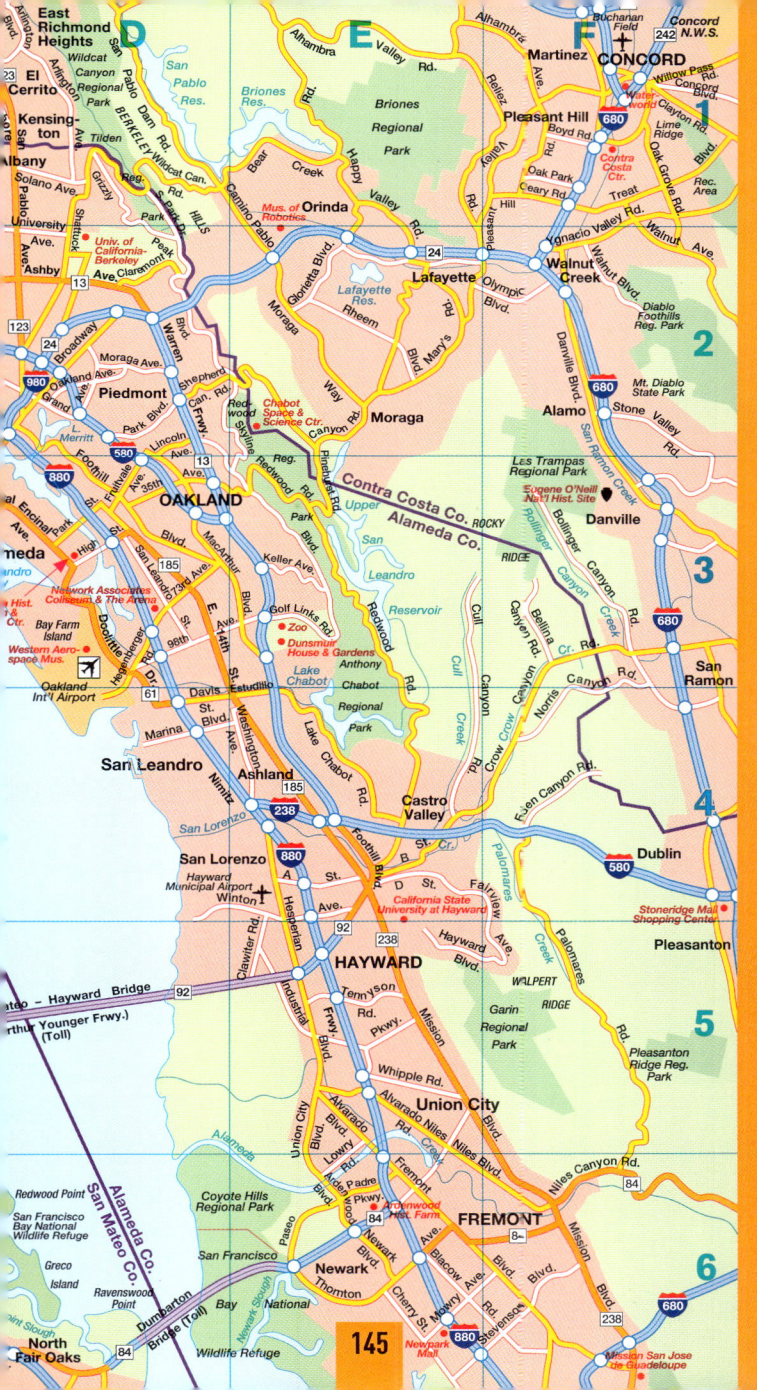

Das Register enthält eine Auswahl der im Cityatlas dargestellten Straßen und Plätze

Ave = Avenue
Blvd = Boulevard
St = Street

1-99
1st St **137/D4–E4**
2nd St **137/D4–E5**
4th St **136/C4–143/E2**
5th St **136/C5–137/D6**
6th Ave **134/B4–140/B3**
6th St **136/C5–143/D1**
7th Ave **140/B2–B4**
7th St **136/C5–143/E2**
8th St **136/B5–143/D1**
9th St **142/B1–C2**
10th Ave **134/A4–140/A5**
10th St **142/B1–C2**
11th St **142/B1–C2**
14th St **141/E2–142/C2**
16th St **141/E3–143/E2**
17th St **140/C3–143/E2**
18th Ave **133/F4–139/E6**
18th St **141/E3–143/E3**
20th St **141/D3–143/E3**
22nd Ave **133/E4–139/E6**
22nd St **141/D4–143/F3**
24th St **141/D4–143/F4**
25th St **133/D4–139/E6**
29th Ave **133/D4–139/D6**
41th Ave **132/B5–138/C6**
45th Ave **132/B5–138/B6**

A
Acorn Alley **136/B4**
Ada Crescent **136/B4**
Adele Crescent **136/C3**
Agate Alley **136/C4**
Aladdin Terrace **136/B2–C2**
Allen St **136/B2**
Alta St **136/C2–137/D2**
Amity Alley **136/B4**
Antonio St **136/C4**
Arguello Blvd **134/B2–140/B2**
Attridge Alley **136/B2**
Auburn St **136/C3**
August Alley **136/C2**

B
Baker St **135/D2–141/D1**
Balboa **132/A6–134/C5**
Bannam Place **136/C2**
Bartol St **137/D2**
Batance St **137/D3**
Battery St **137/D2–D4**
Bay St **135/E2–136/C1**
Bayshore Blvd **142/B6–143/D5**
Beach St **135/D2–136/C1**
Beale St **137/D3–E4**
Beckett St **136/C3**
Bedford Place **136/C3**
Belden St **137/D4**
Bellair Place **136/C2**
Bergen Alley **136/B2**
Bernard St **136/B3–C3**
Berry St **137/E5–143/D2**
Bluxome St **137/D6**
Bonita St **136/B3**
Brannan Ave **137/E5–142/C2**
Brenham Place **136/C3**
Bret Harte Terrace **136/B2**
Broadway **135/D3–137/D2**
Brooklyn Place **136/C3**
Bryant St **137/E4–142/C5**
Buena Vista Ave **141/D1–D2**
Burgoyne St **136/B3**
Bush St **135/D4–137/D4**

C
Calhoun Terrace **137/D2**
California St **132/C5–137/D3**
Campton Place **136/C4**
Card Alley **136/C2**
Castle St **136/C2**
Castro St **141/E2–E6**
Cervantes Blvd **135/D2–E2**
Cesar Chavez (Army) St **141/E5–143/F4**
Chain of Lakes Drive East **138/B1–B2**
Chatham Place **136/C4**
Chestnut St **135/D2–137/D2**
Child St **136/C2**
Church St **141/F2–F6**
Churchill St **136/C2**
Clara St **137/D5**
Clarendon Blvd **140/B4–C3**
Claude Lane **137/D4**
Clay St **134/B4–137/D3**
Clayton St **140/C1–141/D3**
Clementina St **136/C6–137/E4**
Codman Place **136/C3**
Cohen Place **136/B5**
Colin Place **136/B4**
Colin P. Kelly Jr. St **137/E5**
Columbus Ave **136/B1–137/D3**
Commerce St **137/D2**
Commercial St **137/D3**
Cooper Alley **136/C3**
Cordelia Place **136/C3**
Cortland Ave **142/B6–C6**
Cosmo Place **136/C4**
Crissy Field Ave **134/A1–B2**
Cross Over Drive **139/D1–E2**
Culebra St **136/B2**
Custom House Place **137/D3**
Cyril Magnin St (5th St N) **136/C4–C5**
Cyrus Place **136/B3**

D
Darrell Place **137/D2**
Dashiell Hammett St **136/C4**
Davis St **137/D2–D3**
Dawson Place **136/C3**
De Haro St **143/D2–D4**
Delgado Place **136/B3**
Derby St **136/C4**
Dewey Blvd **140/B5**
Diamond Heights Blvd **141/D5–D6**
Diamond St **141/E3–E6**
Divisadero St **135/D2–141/E2**
Dolores St **141/F2–F6**
Doric Alley **136/C3**
Drumm St **137/D3**
Duncan Lane **136/C4**
Duncombe Alley **136/C3**
Dunne's Alley **136/C3–137/D3**

E
Eastman **136/B2–B3**
Eaton Place **136/C2–C3**
Edgehill Way **140/B5–B6**
Edith St **136/C2**
El Camino Del Mar **132/A5–C4**
Elgardo Place **136/C2**
Elwood St **136/C4**
Emery Lane **136/C2**
Emma St **136/C4**
Essex St **137/E4**
Euclid Ave **134/B5–135/D4**
Ewer Place **136/C3**

F
Fell St **140/C1–141/F1**
Fella Place **136/C4**
Fielding St **136/C2**
Filbert St **135/D3–137/D2**
Fillmore St **135/E1–141/E2**
Fisher Alley **136/C3**
Florence St **136/B3**
Folsom St **137/E4–142/C6**
Francisco St **135/D2–136/C1**
Frank St **136/C4**
Franklin St **136/A2–142/B1**
Frederick St **140/B2–141/D2**
Freelon St **137/D5**
Freeman St **136/C3**
Fremont St **137/D4–E4**
Front St **137/D2–D3**
Fulton St **136/B5–138/A**
Fuston Ave **133/F4–139/F6**

G
Geary Blvd **132/C5–135/F4**
Geary St **136/A4–137/D4**
Genoa Place **136/C2**
Gerke Alley **136/C2**
Gibb St **137/D3**
Glover St **136/B3**
Gold St **137/D3**
Golden Gate Ave **134/B6–136/C5**
Golden Gate Bridge **133/E1**
Gough St **136/A2–142/B1**
Grant Ave **136/C1–137/D4**
Great Highway **138/A1–B6**
Green St **135/D3–137/D2**
Greenwich St **135/D3–137/D2**
Grenard Terrace **136/A2**
Grover Place **136/C2**
Guerrero St **142/A2–B5**

H
Halleck St **137/D3**
Hamlin St **136/B2–B3**
Hardie Place **137/D4**
Harlan Place **136/C4**
Harlem Alley **136/B4**
Harriet St **136/C5–D6**
Harrison St **137/E4–142/C5**
Harwood Alley **136/C2**
Hastings Terrace **136/B2**
Havens St **136/B2**
Hawthorne St **137/D4–D5**
Himmelmann Place **136/C3**
Hobart Alley **136/C4**
Hodges Alley **136/D2**
Hooker Alley **136/C4**
Houston St **136/B2**
Howard St **137/D3–142/B1**
Hyde St **136/B1–B5**

I
Icehouse Alley **137/D2**
Ils Lane **137/D3**
Indiana St **143/E2–E5**

J
Jack Kerouac Alley **136/C3**
Jackson St **134/B4–137/D3**
James Lick Freeway **137/D4–142/C6**
Jason Crescent **136/C3**
Jasper Place **136/C2**
Jefferson St **136/B1–C1**
Jerome Alley **137/D3**
Jessie St **136/B6–137/D4**
John F. Kennedy Drive **138/A1–140/C1**

STRASSENREGISTER

Joice St **136/C3**
Jones St **136/B1–C5**
Judah St **138/B3–140/B3**
Julius St **136/C2**

K
Kearney St **136/C1**
Kearny St **136/C2–137/D4**
Kent St **136/C2**
Keyes Alley **136/C3**
Kezar Drive **140/B2–C1**
Kimball Place **136/B3–B4**
King St **137/E5–143/D2**

L
Laguna Honda Blvd **140/B4–C5**
Laguna St **136/A2–142/A2**
Lake St **132/C4–134/B4**
Langton St **136/C6–137/D6**
Larkin St **136/B1–B5**
Lawton St **138/B4–140/B3**
Leavenworth St **136/B1–C5**
Legion of Honor Drive **132/C4–C5**
Leidesdorff St **137/D3**
Leroy Place **136/B3**
Lick Place **137/D4**
Lincoln Blvd **133/D4–134/C1**
Lincoln Way **138/A2–140/B2**
Lombard St **134/C2–137/D2**
Long Ave **133/F1**
Louis Place **136/C3**
Lurmont Terrace **136/B2**
Lynch St **136/B3**
Lyon St **134/C2–141/D1**
Lysette St **136/B3**

M
Mabel Alley **136/B4**
Macondray Lane **136/B2**
Macy Place **136/B2**
Maiden Lane **136/C4–137/D4**
Main St **137/D3–E4**
Malvina St **136/C3**
Margrave Place **136/C2**
Marina Blvd **135/C2–E2**
Marine Drive **133/E1–F2**
Marion Place **136/B2**
Mark Lane **137/D4**
Mark Twain Place **137/D3**
Market St **137/E3–141/D5**
Martin Luther King Jr. Drive **138/A2–140/B3**
Mason St **136/B1–C5**
Masonic Ave **135/C4–141/D2**
McAllister St **134/B6–136/C5**
Meacham Place **136/B4**
Merchant St **137/D3**
Midway St **136/C1**
Miller Place **136/C2**
Minna St **136/B6–137/D4**
Mission St **137/E3–142/A6**
Montague Place **136/C2–137/D3**
Montclair Terrace **136/B2**
Montgomery St **136/C1–137/D4**
Moore Place **136/B2**
Morell St **136/B3**
Mulford Alley **136/C4**
Myra Way **140/C6**

N
Natoma St **136/B6–137/E4**
Nob Hill Circle **136/C4**
Noble's Alley **136/C2**
Noriega St **138/B4–F4**
North Point St **136/A2–C1**
Nottingham Place **136/C3–137/D3**

O
Oak St **140/C1–141/F1**
Octavia St **136/A2–142/A1**
O'Farrell St **134/C5–136/C4**
Ophir Alley **136/C4**
Osgodd Place **137/D3**
O'Shaughnessy Blvd **140/C5–D6**

P
Pacific Ave **134/C4–137/D3**
Pagoda Place **136/C1**
Panorama Drive **140/C4–C5**
Pardee Alley **136/C2**
Park Blvd **133/E4–F2**
Park Presidio Blvd **134/A4–A6**
Park Presidio Bypass Drive **139/E1–F1**
Parkhurst Alley **136/C3**
Parnassus Ave **140/B3–C2**
Pennsylvania St **143/E2–E4**
Peralta Ave **142/C5–C6**
Pfeiffer St **136/C2**
Pierce St **135/D2–141/E2**
Pine St **135/D4–137/D3**
Pleasant St **136/B3**
Point Lobos Ave **132/A5–B5**
Polk St **136/A1–142/B1**
Pollard Place **136/C2**
Pontiac Alley **136/C3**
Portola Drive **140/A6–C5**
Post St **135/D5–137/D4**
Potrero Ave **142/C2–C5**
Powell St **136/C1–C5**
Pratt Place **136/C3**
Prescott Crescent **137/D2**
Presidio Blvd **134/C2**
Presidio Parkway **134/A2–B2**
Price Row **136/C2**
Priest St **136/B3**

Q
Quincy St **136/C3–C4**
Quintara St **138/B5–139/F5**

R
Redfield Alley **136/B2**
Reed St **136/B3**
Rich St **137/D5–E5**
Richardson Ave **134/C2–135/D2**
Roach St **136/B2**
Robert Kirk Lane **137/D4**
Rockland St **136/B2–B3**
Romolo Place **136/C2–C3**
Roosevelt Way **141/D2–D3**
Ross Alley **136/C3**
Rowland St **137/D3**
Russel St **136/B3**
Russian Hill Place **136/B3**

S
Sabin Place **136/C3**
Sacramento St **134/B4–137/D3**
St George Alley **137/D3–D4**
Salmon Place **136/C3**
San Antonio Place **136/C2**
San Francisco-Oakland Bay Bridge **137/E4–F2**
San Jose Ave **142/B5–B6**
Sansome St **137/D2–D4**
School Alley **136/C2–137/D2**
Scotland St **136/C2**
Security Pacific Plaza **136/C4**
Shannon St **136/C4**
Sharp Place **136/B2**
Shephard Place **136/C2**
Shipley St **137/D5**
South Park Ave **137/D5**

South Van Ness Ave **142/B1–B5**
Southard Place **136/B2**
Southern-Embarcadero Freeway **143/D1–D6**
Spear St **137/E3–E4**
Spofford St **136/C3**
Spring St **137/D3**
Sproule St **136/C3**
Spruce St **134/C4–C5**
Stanyan Blvd **134/C5**
Stanyan St **140/C1–C3**
Stark St **136/C3**
Stewart St **137/E3–E4**
Steveloe St **136/B3**
Stevenson St **136/B6–137/D4**
Stockton St **136/C1–C4**
Stone St **136/C3**
Stow Lake Drive **139/E1–E2**
Sunset Blvd **138/C2–C6**
Sutter St **135/D5–137/D4**

T
Taraval St **138/B6–F5**
Taylor St **136/B1–C5**
Telegraph Place **136/C2**
The Embarcadero **136/B1–137/E5**
Tillmann Place **136/C4**
Torrens Crescent **136/B3**
Touchard St **136/B4**
Townsend St **137/E5–143/E2**
Treasury Place **137/D4**
Trenton St **136/C3**
Trinity St **137/D4**
Truett St **136/C2**
Turk Blvd **134/C6–136/C5**
Tuscany Alley **136/C2**
Twin Peaks Blvd **140/C3–C5**

U
Union St **135/D3–137/D2**

V
Valencia St **142/B2–B5**
Vallejo St **135/D3–137/D2**
Valparaiso St **136/B2–C2**
Van Ness Ave **136/A2–142/B1**
Vancewater St **136/C2**
Varennes St **136/C2**
Venhard Alley **136/C2**
Verdi Place **137/D3**
Vermehr Place **137/D4**
Vine Terrace **136/C4**
Vinton Crescent **136/C3**

W
Wagner Alley **136/C5**
Waller St **140/C2–141/D2**
Warner Place **136/B2**
Warren Drive **140/B3–C4**
Washington Blvd **133/E2–134/B3**
Washington St **134/B4–137/D3**
Water St **136/C3**
Waverly Place **136/C3**
Wawona St **138/B6–139/F5**
Wayne Place **136/C2**
Webb Place **136/C2**
Welsh St **137/D5**
Wentworth St **136/C3**
West Pacific Ave **134/A4–C3**
Wetmore St **136/C3**
White St **136/B3**
Whiting St **136/C2**
Winter Lane **136/C2**
Winthrop St **136/C2**
Woodside Ave **140/B5–C5**
Worden St **136/C1–C2**

147

KARTENLEGENDE

	Autobahn / Expressway
	Gebührenpflichtige Autobahn / Toll Expressway
	Fernverkehrsstraße / Highway
80	Staatsstraßennummer / Interstate Highway Number
101	Bundesstraßennummer / U. S. Highway Number
1	Regionale Staatsstraßennummer / State Highway Number
	Hauptstraße / Arterial Road
	Einbahnstraße / One Way Street
	Eisenbahn / Railway
Paul Ave.	Caltrain Bahnhof / Caltrain Station
	BART Eisenbahn / BART Line
Powell St.	BART Bahnhof / BART Station
•••••••	Straßenbahn / Cable Car
F	Historische Straßenbahn / Historic Streetcar
	Strand / Beach
⚓	Yachthafen / Marina
	Nationalpark / National Park
	Sonstiger Park / Other Park
	Golfplatz / Golf Course
++++	Friedhof / Cemetery
- - - -	Wanderweg / Walking Trail
••••••	Radweg / Bicycle Path
⛺	Zeltplatz / Campground
	Freibad / Outdoor Swimming Pool
	Hallenbad / Indoor Swimming Pool
🎾	Tennisplatz / Tennis Court
	Bezirksgrenze / Municipal Boundary
	Gemeindezentrum / Community Centre
	Einkaufszentrum / Shopping Centre
	Spirituosengeschäft / Liquor Store
	Hotel/Motel / Hotel/Motel
VICTO	Geschäftsviertel / Shopping District
	Feuerwehrhaus / Fire Hall
★	Polizeiwache / Police Station
H	Krankenhaus / Hospital
🏛	Rathaus / City or Town Hall
?	Reiseinformation / Travel Information
	Gericht / Court House
🚌	Busbahnhof / Bus Terminal
	Kirche / Palace of Worship
	Stadtbücherei / Public Library
	Theater oder Konzertsaal / Live Theatre or Concert Hall
🏛	Museum oder Kunstgalerie / Museum or Art Gallery
🎬	Kino / Cinema
	Denkmal/Kunstwerk / Monument/Public Art
	Weinhandlung / Winery
	Grundschule / Public Elementary School
	Hauptschule / Public Secondary School
	Kirchliche Grundschule / Parochial Elementary School
	Kirchliche Hauptschule / Parochial Secondary School
	Privatschule / Private School
	Hochschule / College

⭐ MARCO POLO Highlight

▬▬▬ MARCO POLO Erlebnistour 1 / MARCO POLO Discovery Tour 1

▬▬▬ MARCO POLO Erlebnistouren / MARCO POLO Discovery Tours

FÜR IHRE NÄCHSTE REISE ...

ALLE **MARCO POLO** REISEFÜHRER

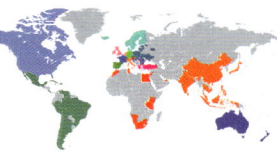

DEUTSCHLAND
Allgäu
Bayerischer Wald
Berlin
Bodensee
Chiemgau/
Berchtesgadener
Land
Dresden/
Sächsische Schweiz
Düsseldorf
Eifel
Erzgebirge/
Vogtland
Föhr & Amrum
Franken
Frankfurt
Hamburg
Harz
Heidelberg
Köln
Lausitz/Spreewald/
Zittauer Gebirge
Leipzig
Lüneburger Heide/
Wendland
Mecklenburgische
Seenplatte
Mosel
München
Nordseeküste
Schleswig-Holstein
Oberbayern
Ostfriesische Inseln
Ostfriesland/Nord-
seeküste Nieder-
sachsen/Helgoland
Ostseeküste
Mecklenburg-
Vorpommern
Ostseeküste
Schleswig-Holstein
Pfalz
Potsdam
Rheingau/
Wiesbaden
Rügen/Hiddensee/
Stralsund
Ruhrgebiet
Schwarzwald
Stuttgart
Sylt
Thüringen
Usedom
Weimar

ÖSTERREICH SCHWEIZ
Kärnten
Österreich
Salzburger Land
Schweiz
Steiermark
Tessin
Tirol
Wien
Zürich

FRANKREICH
Bretagne
Burgund
Côte d'Azur/
Monaco
Elsass
Frankreich
Französische
Atlantikküste
Korsika
Languedoc-
Roussillon
Loire-Tal
Nizza/Antibes/
Cannes/Monaco
Normandie
Paris
Provence

ITALIEN MALTA
Apulien
Dolomiten
Elba/Toskanischer
Archipel
Emilia-Romagna
Florenz
Gardasee
Golf von Neapel
Ischia
Italien
Italienische Adria
Italien Nord
Italien Süd
Kalabrien
Ligurien/
Cinque Terre
Mailand/
Lombardei
Malta & Gozo
Oberital. Seen
Piemont/Turin
Rom
Sardinien
Sizilien/
Liparische Inseln
Südtirol
Toskana
Venedig
Venetien & Friaul

SPANIEN PORTUGAL
Algarve
Andalusien
Barcelona
Baskenland/
Bilbao
Costa Blanca
Costa Brava
Costa del Sol/
Granada
Fuerteventura
Gran Canaria
Ibiza/Formentera
Jakobsweg
Spanien
La Gomera/
El Hierro
Lanzarote
La Palma
Lissabon
Madeira
Madrid
Mallorca
Menorca
Portugal
Spanien
Teneriffa

NORDEUROPA
Bornholm
Dänemark
Finnland
Island
Kopenhagen
Norwegen
Oslo
Schweden
Stockholm
Südschweden

WESTEUROPA BENELUX
Amsterdam
Brüssel
Dublin
Edinburgh
England
Flandern
Irland
Kanalinseln
London
Luxemburg
Niederlande
Niederländische
Küste
Schottland
Südengland

OSTEUROPA
Baltikum
Budapest
Danzig
Krakau
Masurische Seen
Moskau
Plattensee
Polen
Polnische
Ostseeküste/
Danzig
Prag
Slowakei
St. Petersburg
Tallinn
Tschechien
Ungarn
Warschau

SÜDOSTEUROPA
Bulgarien
Bulgarische
Schwarzmeerküste
Kroatische Küste
Dalmatien
Kroatische Küste
Istrien/Kvarner
Montenegro
Rumänien
Slowenien

GRIECHENLAND TÜRKEI ZYPERN
Athen
Chalkidiki/
Thessaloniki
Griechenland
Festland
Griechische Inseln/
Ägäis
Istanbul
Korfu
Kos
Kreta
Peloponnes
Rhodos
Samos
Santorin
Türkei
Türkische Südküste
Türkische Westküste
Zákinthos/Itháki/
Kefalloniá/Léfkas
Zypern

NORDAMERIKA
Chicago und
die Großen Seen
Florida
Hawai'i
Kalifornien
Kanada
Kanada Ost
Kanada West
Las Vegas
Los Angeles
New York
San Francisco
USA
USA Ost
USA Südstaaten/
New Orleans
USA Südwest
USA West
Washington D.C.

MITTEL- UND SÜDAMERIKA
Argentinien
Brasilien
Chile
Costa Rica
Dominikanische
Republik
Jamaika
Karibik/
Große Antillen
Karibik/
Kleine Antillen
Kuba
Mexiko
Peru & Bolivien
Yucatán

AFRIKA UND VORDERER ORIENT
Ägypten
Djerba/
Südtunesien
Dubai
Israel
Jordanien
Kapstadt/
Wine Lands/
Garden Route
Kapverdische
Inseln
Kenia
Marokko
Namibia
Rotes Meer & Sinai
Südafrika
Tansania/Sansibar
Tunesien
Vereinigte
Arabische Emirate

ASIEN
Bali/Lombok/Gilis
Bangkok
China
Hongkong/Macau
Indien
Indien/Der Süden
Japan
Kambodscha
Ko Samui/
Ko Phangan
Krabi/
Ko Phi Phi/
Ko Lanta
Malaysia
Nepal
Peking
Philippinen
Phuket
Shanghai
Singapur
Sri Lanka
Thailand
Tokio
Vietnam

INDISCHER OZEAN UND PAZIFIK
Australien
Malediven
Mauritius
Neuseeland
Seychellen

Viele MARCO POLO Reiseführer gibt es auch als eBook – und es kommen ständig neue dazu!
Checken Sie das aktuelle Angebot einfach auf: www.marcopolo.de/e-books

REGISTER

In diesem Register sind alle im Reiseführer erwähnten Sehenswürdigkeiten und Ausflugsziele sowie einige wichtige Straßen, Plätze und Personen aufgeführt. Gefettete Seitenzahlen verweisen auf den Haupteintrag.

101 California 51
Abraham Lincoln Monument 52
Alamo Square 36, **37**
Alamo Square Park 95
Alcatraz 23, **44**, 103
Angel Island 113
Aquatic Park 30, **49**
Asian Art Museum 22, **52**
Aulenti, Gae 52
Autodesk Gallery 52
Baker Beach **28**, 111
Bank of America 51
Bathhouse Building 49
Battery Chamberlain 111
Bay Bridge 14, **53**
Berkeley 14
Botanical Gardens 43
Buffalo Paddock 40
Cable Car Museum 46
Cable Cars 40, **44**, 100
Caen, Herb 23, 26
California Academy of Sciences 22, **38**, 108
California Volunteers 38
Cannery 46
Cartoon Art Museum 54
Castro 15, 16, **39**
Castro Theatre 86
Chestnut Street 34
Children's Creativity Museum 114
China Gate 47
Chinatown 16, **43**, 47, 72, 100, 106, 116
Chinese Culture Center 46
Chu, Frank 23
Circle Gallery 54
City Hall 54, 106
Civic Center 50, **54**, 57
Cliff House 28
Coit Tower 14, **46**
Coit, Lillie Hitchcock 46
Columbus Tower 46
Conservatory of Flowers 40
Contemporary Jewish Museum 55
Coppola, Francis Ford 46
Corona Heights 108
Crissy Field 30, 59, 103, 114
Crocker Bank 55
Crocker Galleria 77
D'Audiffred Building **52**, 66
De Young Museum 22, **40**, 108
Del Monte Square 46
Dewey Monument 55
Downtown 47, **50**
East Bay 14
Eastwood, Clint 23
Embarcadero **77**, 104, 116
Exploratorium 22, 36, **114**
F-Line 44
Farallones Visitor Center 114

Ferlinghetti, Lawrence 74
Ferry Building 16, **56**, 104, 108, 116
Ferry Plaza Farmer's Market 78
Fillmore Street **34**, 116
Financial District 50, 57, 109
Fisherman's Wharf 16, **43**, 67, 68, 101, 107
Fort Mason **34**, 103, 107
Fort Mason Center 22
Fort Point 23, **29**, 104, 107
Fountain of the Four Seasons 56
Ghirardelli Square **47**, 68, **77**, 86
Ginsberg, Allen 14, 62
Glide Church Celebration 33
Golden Gate Bridge 14, **27**, **29**, 101, 103, 111
Golden Gate Fortune Cookie Company 11
Golden Gate National Recreation Area 27, 44
Golden Gate Park **36**, **40**, 52, 56, 108
Golden Gate Promenade 24, **30**, 104
Grace Cathedral 47, 106
Grant Avenue 41
Gulf of the Farallones National Marine Sanctuary 114
Haas-Lilienthal-Haus 35
Haight Street 15, 41
Haight-Ashbury 14, **36**, 102
Hines Tower 51
Hitchcock, Alfred 23
Huntington Park 48
Hyde Street Pier **48**, 104
James C. Flood Mansion 48
Japan Center 77
Japanese Tea Garden **41**, 108
Japantown 116, 117
Kerouac, Jack 14, 23, 62, 83
Kimball Natural History Museum 38
Lake Merced 107
Letterman Digital Arts Center 32, 115
Levi's Stadium 24, 25
Lincoln Park 27
Lombard Street 48
Maupin, Armistead 23, 103
Marin Headlands 27, **31**
Marina **33**, 103
Marine Mammal Center 50
Maritime Museum 49
Market Street **56**, 116
Mechanics Monument 57
Metreon 51, 76
Mile Rock Beach 110
Milk, Harvey 23
Mission District 16, **19**, 36, 42,

102, 116
Mission Dolores 23, **41**, 108
Mission Dolores Cemetery 41
Mission Street 42
Morrison Planetarium 38
Moscone Center 16, 51
Muir Woods 27
Musée Mécanique **49**, 104
Museo Italo-Americano 34
Museum of Modern Art (MoMA) 22, 51, **58**
National Aids Memorial Grove 108
New People 77
Newsom, Gavin 15
Nob Hill 16, 43, 106
North Beach 16, **43**, 102, 107
Norton, Joshua A. 23
Oakland 14, 53
Ocean Beach 43, 107
Octagon House 35
Officers' Club 32
Old St. Mary's Church 47
Outer Richmond 43
Pacific Heights 33
Pacific Telephone Building 57
Pacific Union Club 23
Painted Ladies 37, 91
Palace of Fine Arts 23, **36**, 103, 107
Palace of the Legion of Honor **32**, 110
Parkside 43
Pier 39 43, **49**, **77**, 101
Pioneers' Monument 57
Potrero Hill 56, 67
Presidio 14, **27**, 32, 107
Ripley's Believe it or Not Museum 50
Robert Louis Stevenson Memorial 50
Russ Building 58
Russian Hill 16, 43, 49
San Francisco Museum of Modern Art (MoMA) 22, 51, **58**
San Francisco National Cemetery 33
San Francisco Zoo 115
San Francisco-Oakland Bay Bridge 108
Sausalito 112
Sea Cliff 110
Sentinel Building 46
SFMoMA Artists Gallery 34
Snyder, Gary 62
South of Market 16, 17, **50**
Spreckels Mansion 36
St. Peter and Paul 50
Steinhart Aquarium 38
Stow Lake 41
Strauss, Joseph B. 29

IMPRESSUM

Strybing Arboretum 43
Sunset 43
Sunset District 107
Sutro Baths 107
Telegraph Hill 16, 46, 48
Tenderloin 123
Tiburon 113
Transamerica Pyramid 46, 50
Treasure Island 53
Twain, Mark 22
Twin Peaks **43**, 57, 108
Union Square 48, **59**, 72, 100, 117
Union Street 36
USS Pampanito 49
Vallaincourt Fountain 59
Walt Disney Family Museum 33
Wells Fargo History Museum 59
Westfield Shopping Centre 50, 73, **78**
Williams, Robin 23
Wright, Frank Lloyd 54
Yerba Buena Gardens/Yerba Buena Center for the Arts 16, 57, **59**
Yoda Fountain 115
Yosemite National Park 22

SCHREIBEN SIE UNS!

Egal, was Ihnen Tolles im Urlaub begegnet oder Ihnen auf der Seele brennt, lassen Sie es uns wissen! Ob Lob, Kritik oder Ihr ganz persönlicher Tipp – die MARCO POLO Redaktion freut sich auf Ihre Infos.

Wir setzen alles dran, Ihnen möglichst aktuelle Informationen mit auf die Reise zu geben. Dennoch schleichen sich manchmal Fehler ein – trotz gründlicher Recherche unserer Autoren/innen. Sie haben sicherlich Verständnis, dass der Verlag dafür keine Haftung übernehmen kann.

MARCO POLO Redaktion
MAIRDUMONT
Postfach 31 51
73751 Ostfildern
info@marcopolo.de

IMPRESSUM
Titelbild: Golden Gate Bridge (Schapowalow: S. Kremer)
Fotos: R. Austinat (1 u., 85, 94, 97); W. Dieterich (71, 93); huber-images: P. Canali (110), G. Croppi (58), C. Dutton (118 u.), S. Forster (22), H.-P. Huber (41), Kremer (Klappe r., 122/123), S. Kremer (2, 4 u., 25, 26/27, 30/31, 48, 51, 74, 119 o.), M. Rellini (14/15, 17); © iStockphoto: John Kropewnicki (19 u.); Laif: Fake (Klappe l.); laif: E. Haeberle (69); Laif/Polaris: Tambunan (117); laif/Redux: S. Rice (65); laif/Redux/NYT: R. Rahimian (37), J. Wilson (62); Laif/Redux/The New York Times: Randl L. Beach (90), DaSilva (115), Wilson (86, 116/117); Laif/UPI (116); mauritius images: S. Hefele (4 o.), Kinne (88/89), Unverzagt (20/21); mauritius images/Alamy (3, 6, 7, 8, 12/13, 34, 42, 44, 47, 52, 54, 60/61, 66, 68 r., 72/73, 77, 78, 80/81, 82, 98/99, 101, 104/105, 107, 108/109, 112, 114/115, 118 o.); mauritius images/CuboImages (18 u.); mauritius images/Foodpix (68 l.); mauritius images/Image Source (5, 57); mauritius images/Imagebroker: M. Blume (49), A. Pöschel (32); Mission Bicycle: Zachary Rosen (18 M.); pARADOX aRTS: Lori B Bloustein (19 o.); Reware Style/emiko-o (18 o.); Schapowalow: S. Kremer (1 o.); T. Stankiewicz (9, 11); vario images/Etsabild (114); vario images/imagebroker (10)

14. Auflage 2016
Komplett überarbeitet und neu gestaltet
© MAIRDUMONT GmbH & Co. KG, Ostfildern
Chefredaktion: Marion Zorn
Autor: Michael Schwelin, Koautor: Roland Austinat
Redaktion: Marlis v. Hessert-Fraatz; Verlagsredaktion: Tamara Hub, Ann-Katrin Kutzner, Nikolai Michaelis, Kristin Schimpf, Martin Silbermann
Bildredaktion: Gabriele Forst
Im Trend: wunder media, München, Roland Austinat
© MapMedia Corp., Toronto, ON, Canada M9W 1B3, Faltkarte: © MAIRDUMONT, Ostfildern
Gestaltung Cover, S. 1, S. 2/3, Faltkartencover: Karl Anders – Büro für Visual Stories, Hamburg; Gestaltung innen: milchhof:atelier, Berlin; Gestaltung Erlebnistouren: Susan Chaaban Dipl.-Des. (FH)
Sprachführer: in Zusammenarbeit mit Ernst Klett Sprachen GmbH, Stuttgart, Redaktion PONS Wörterbücher
Das Werk einschließlich aller seiner Teile ist urheberrechtlich geschützt. Jede urheberrechtsrelevante Verwertung ist ohne Zustimmung des Verlags unzulässig und strafbar. Das gilt insbesondere für Vervielfältigungen, Übersetzungen, Nachahmungen, Mikroverfilmungen und die Einspeicherung und Verarbeitung in elektronischen Systemen.
Printed in China.

MIX
Paper from responsible sources
FSC® C011918

BLOSS NICHT

Wie man sich mancherlei unangenehme Erfahrungen ersparen kann

AUTO PARKEN OHNE

Ohne – das heißt, sein Auto abstellen, ohne den Gang einzulegen, ohne die Handbremse zu ziehen *und* ohne die Räder so einzuschlagen, dass sie zum Kantstein weisen (Reifen bergab nach rechts, bergauf nach links). In den teils extrem steilen Straßen von San Francisco hat Parksicherheit oberste Priorität. Die Polizei verteilt gnadenlos Strafzettel, wenn die Räder nicht eingeschlagen sind.

SELBER LÄUTEN

Die Glockenseile der Cable Cars sind ausschließlich für *gripman* und *conductor* vorgesehen. Wenn Sie aussteigen wollen, dann rufen Sie laut und deutlich: „Next stop, please!"

DEN AUSWEIS VERGESSEN

Wer ohne Altersnachweis in Bars und Clubs will, hat Pech gehabt und erhält im Zweifelsfall kein Bier. Doch auch beim Einkauf mit Kreditkarte werden Sie fast immer nach der ID, also nach Pass oder Ausweis gefragt – tragen Sie ihren Ausweis also am besten immer bei sich!

ZUM TISCH STÜRZEN

Selbst in einfachen Gaststätten steht ein Hinweisschild hinter dem Eingang, das auffordert: *Please wait to be seated.* Ein *host* oder eine *hostess* führen alle Gäste zu den freien Tischen, wenn diese gesäubert und frisch gedeckt sind. In manchen Restaurants wird Ihnen angeboten, für einen Drink an der Bar Platz zu nehmen. Den zahlen Sie dann auch dort, bevor es zum Essen an den Tisch geht.

HELDENTUM AN DEN TAG LEGEN

Sollten Sie einmal überfallen werden: Leisten Sie auf keinen Fall Widerstand! Diejenigen, die Sie bedrohen, sind oft geübte Kämpfer, die teils auch vor Gewalttaten nicht zurückschrecken. 2014 waren Smartphones in 50 Prozent aller Raubüberfälle betroffen – lassen Sie Ihr Mobiltelefon genau wie iPad & Co. am besten in der Tasche, wenn Sie auf offener Straße sind.

DIE SCHUHWAHL ZU LOCKER NEHMEN

Klar, die Amerikaner sind entspannt und kleiden sich oft leger. Doch in vielen Clubs und Bars checkt der Türsteher das Schuhwerk – besser, Sie haben feste Lederschuhe im Gepäck, noch besser: an den Füßen.

BEIM TRINKGELD KNAUSERIG SEIN

In Deutschland rundet man das Trinkgeld oft auf einen glatten Betrag auf, in den USA sind 15 Prozent des Rechnungsbetrags Standard. Bedienungen verdienen oft nur einen Hungerlohn und sind nur selten über den Arbeitgeber krankenversichert. Bei besonders gutem oder schlechtem Service dürfen Sie entsprechend mehr oder weniger geben.